天狗説話考

久留島元
KURUSHIMA HAJIME

白澤社

はじめに

日本人、というよりも、日本に育ち、日本文化に親しんだ人で、「天狗」を知らない人はいないだろう。よく知られているのは、赤ら顔で鼻が高く山伏の姿で手に羽団扇をもち、深山に棲む仙人か神霊のような姿の大天狗だ。アニメや絵本、また食品パッケージにもよく採用されている。鬼、河童とならび、日本を代表する妖怪である。

とはいえ「天狗」は、ふつうの妖怪とは別格扱いになることも多い。ふつうの妖怪というのも妙だが、一般に「妖怪」としてイメージされるのは『ゲゲゲの鬼太郎』に登場する「砂かけ婆」や「塗り壁」「一反木綿」といったキャラクター、または『妖怪ウォッチ』でも定着した「不思議なことを引きおこす」「(通常)目に見えない」存在だろう。天狗は造形も決まっているし、なによりえらそうだ。

たまに飲み会の席などで「妖怪が好きで天狗を研究している」などと口走ると、「天狗も妖怪に入るんですか」と意外そうに尋ねられ、こちらが戸惑ったこともある。

天狗は妖怪か

妖怪裁判長の天狗（水木しげる『妖怪大裁判』より）©水木プロ

という問いは、そもそも妖怪とは何か、から始めなくてはならず、即答できない。宿題としよう。ひとまずは、水木しげる・村上健司『日本妖怪大事典』（角川文庫）、小松和彦監修『日本怪異妖怪大事典』（東京堂出版）など主要な「妖怪事典」では、天狗も「妖怪」として記載されているとお答えし、天狗が妖怪にふくまれている、としておきたい。なお、明治・大正期に妖怪研究をすすめた「妖怪博士」こと井上円了《いのうええんりょう》は著作で「妖怪の親玉と称すべきは天狗なり」と述べている[1]。

ちなみに『ゲゲゲの鬼太郎』シリーズでは、天狗は妖怪裁判長の地位を与えられ、天狗ポリスとよばれる烏天狗を指揮している。鼻高の大天狗をボスとして、烏天狗を部下とする構図は他のメディア作品とも共通する。

天狗は妖怪ではない、と思われている一番の理由は、天狗は山の神、あるいはその眷属として信仰の対象だ、という認識があるだろう。京都では愛宕山、鞍馬寺、東京の高尾山、九州の英彦山などが天狗信仰の霊地として有名だ。これらは修験道の修行地でもある。ではこれらの天狗信仰はどのように形成されてきたのだろうか。

一方、昔話の世界では智恵者に隠れ蓑や羽団扇を奪われてしまう情けない「天狗」も語られている。

強力な神通力をもつイメージを逆手にとったものといえる。かこさとし（加古里子）のロングセラー絵本『だるまちゃんとてんぐちゃん』（福音館書店、一九六七）では、だるまちゃんの友だち「てんぐちゃん」が、子どもなのに立派なひげを生やした山伏姿で描かれ、可愛らしくもおかしかった。

絵本に描かれるように、山伏と天狗とは密接な関係がある。天狗信仰が日本全国に広まったのは山伏たちが信仰を伝え歩いたためといわれる。また、誰もいない山のなかで高笑いが聞こえた（天狗笑い）、大木が倒れる音がしたので行ってみたが何もなかった（天狗倒し）、山のなかで突然、石や枝が飛んできた（天狗つぶて）など、山中の怪異は天狗の仕業とされた。これまで天狗研究をリードしてきた民俗学では、天狗の伝承には山岳修行者の信仰や、山で生活する人々の生活史が反映されていると考えられてきた。

しかし、これから本書で明らかにしていくように、「天狗」は山伏たちの特権的なイコン（偶像）ではない。江戸時代には歌舞伎や浮世絵など娯楽メディアを通じて、ひろく「天狗」のイメージが共有されていたし、それは昔話や落語にも反映された。天狗説話の語り手は、山林だけでなく、村や都市にたくさんいたのである。

たとえば江戸時代に生まれた遊びのひとつに、「天狗俳諧」がある。発句の五音・七音・五音を三人が別々、ばらばらに詠んで、継ぎ合わせて一句を作るというものだ。あるいは『俳文学大辞典』（角川書店）によれば「でたらめに付句して勝負を争う賭博に類似した前句付」を「天狗俳諧」と呼んだとある。(2)とにかくでたらめな偶然性を面白がる遊芸であり、天狗はでたらめで非正統的な、やっかいものの代名詞でもあった。

上方落語の演目に「天狗裁き」がある。昼寝をしていたのんき者、女房に起こされ、「どんな夢を見ていた?」と聞かれる。夢なんて見ていない、いや見ていた、秘密にせず教えろ、と言い争いになり、仲裁に入った隣人、大家をまきこんで教えろ、いいや見ていないと大騒動。ついに奉行からお白洲で詮議されるが、覚えていないものは答えられない。奉行が怒りだし「お上を愚弄する気か、つるし上げよ!」、そこへあらわれた天狗がさっと男をさらう。その描写はまさに現在の天狗イメージを代表している。

ひょいと見上げますと、目の前にすっくと立ったのが、身の丈は抜群にすぐれ、真っ白い髪の毛が左右に垂れ、赤ら顔に両眼は爛々といたして、鼻はあくまで高く、手に羽うちわを持った大天狗の姿。
男「あんた、天狗さん」
天狗「心づいたか」(3)

このあと天狗は「まったく人間は愚かなものだ。人間のみる夢など聞きたくはないが、奉行にも話さぬ夢の内容、しゃべりたければ聞いてやってもよい」と話をふる。「いえしゃべりとないです」「天狗をあなどるか」怒った天狗があわや襲いかかり……、というところで目が覚める。女房の台詞「あんたあ、えらいうなされて、……一体どんな夢見たん(見たの?)」がサゲになる。

現在の形は三代目・桂米朝《かつらべいちょう》(一九二五~二〇一五)が整えたものとされている。とはいえ、天狗が人をさらうという話題は、落語だけでなく近代までよく語られた、都市伝説のパターンでもある。(4) 被害者は大人のこともあるが、おおむね少年だった。突然姿を消し、家出か誘拐かと騒いでいると何年もたって発見され、天狗に連れ回されたなどと口走る。神隠しの一種だ。少年ばかりが狙われるので性愛の相手をさせられたと勘ぐる向きもあり、「天狗の情郎《かげま》」などという表現も残っている（人見蕉雨《ひとみしょうう》『黒甜瑣語《くろてんさご》』）。

有名なのは江戸時代後期の寅吉という少年で、寅吉の語る天狗界に強い関心を示したのが国学者の平《ひら》田篤胤《たあつたね》（一七七六〜一八四三）だった。この寅吉の話が、二〇一八年、あるツイッターのつぶやきをきっかけに突如脚光を浴びた。岩波文庫『仙境異聞《せんきょういぶん》』が三度も増刷、人気にあやかり角川文庫で現代語訳も出版された。まさに日本人の「天狗」への関心の強さを示した珍事だった。

本書ではこうした天狗イメージの歴史をさかのぼり、天狗とは何かを考えていきたい。

〈注〉

（1）井上円了「我邦妖怪の親玉」『新編妖怪叢書4　絵入通俗妖怪談』国書刊行会、一九八三年復刻再版。原本一九一六年。

（2）『俳文学大辞典』角川書店、一九九六年。

（3）『米朝落語全集』増補改訂版、第五巻、創元社、二〇一四年。

（4）小倉学「加賀・能登の天狗伝説考」『昔話伝説研究』二、一九七二年。

天狗説話考

目次

天狗説話考◎目次

第四章　天狗の行方 ―― 201

カバー・本扉画像＝『絵本太平記』（国立国会図書館 蔵）より

序――「天狗」研究から「天狗説話」研究へ

本書のスタンス――「天狗説話」

本題にはいる前に、本書のスタンスを明らかにしておく。本書では日本の天狗像をとらえなおすため、「天狗説話」というキーワードを設定する。

これは、天狗に会った、何かをされた、○○は天狗の仕業だ、といった天狗に関するハナシ全般ということである。より厳密には、「天狗」という言葉のあらわれるハナシ、言葉のすべてが「天狗説話」研究の対象である。天狗伝承といってもよいが、民間伝承だけでなくもっと広い概念だと思ってほしい。「天狗俳諧」のような言葉遊び、「天狗になる」(調子に乗る)のような慣用語も、天狗のイメージをつかむための素材(資料)となる。これは、筆者自身がフィールドワークを基盤として民衆史を描く民俗学ではなく、言葉を対象とする文学研究の立場から説話や伝承の研究を行なっているからである。

重要なのは「天狗説話」研究が「天狗」の正体を明らかにしない、ということだ。これまでの研究は、天狗とは山伏だ、または山人の実態を反映したものだと説明するものがほとんどだった。確かに天狗像の形成にはある時期から山岳修行者や山の民のイメージが大きく影響するが、それは天狗像の一面にすぎない。

また、世間には天狗の正体を「漂着した外国人だった！」とか、「古代に降り立った宇宙人だった！」とか、大胆な解釈を唱える書籍もある。本書の読者が、そうした鮮やかな謎解きを求めているとしたら、残念ながら期待には応えられない。

とはいえ、荒唐無稽に思われる天狗＝宇宙人説も、まんざら由緒がないわけではない。あとでも紹介するが中国では「天狗」を星の名前に使う。日本でも京都の鞍馬寺では、本尊の千手観音、毘沙門天、魔王尊の三身のうち、大天狗として知られる魔王尊を「六百五十万年前に飛来した金星の化身、サナート・クマラ」と説明している[1]。

ただし付け加えると、鞍馬寺は奈良時代創建と伝わる古い寺院だが、魔王尊に関する言説は古いものではない。昭和二十年代に当時の管長、信楽香雲《しがらきこううん》が天台宗から独立し、西洋の神智学をとりいれて鞍馬弘教を名乗った際に提唱したものである。そのため鞍馬寺の例だけで全国の、また歴史上の天狗説話をすべて説明できるわけではない。

天狗＝外国人説は、宇宙人よりは信憑性があると思われているかもしれない。だが、その「外国人」とは何だろうか？　大柄で赤ら顔、なにより鼻の高い、いわゆる「天狗」像は、たしかに欧米人の特徴に似ている。不幸にして日本に漂着し、言葉も通じず「天狗」扱いされた人がいた可能性は、なるほど否定はできない。

だが、全国で外国人が頻繁に漂着していたら、もっと記録に残っているだろう。一回の漂着事件が、数百年にわたり全国各地で説話を創り出し続けることなどありえない。これは宇宙人説とも共通の弱点だが、日本全国に広まった天狗説話を単純に説明しようとすると必ず生じる矛盾である。端的に説得力が欠けているのだ。

可能性として残るのは逆のパターン、つまりすでに鼻高、赤ら顔の「天狗」イメージができあがったあとから、外国人を「天狗」だと認識した場合だ。

叡山電鉄鞍馬駅前の天狗オブジェ（撮影＝著者）

実際にキリスト教が禁じられた江戸時代には、キリシタンを天狗になぞらえた芝居、講談が作られている。このキリシタンたちはあやしい魔術をつかって人びとをたぶらかし、日本を乗っ取ろうとする大悪人として語られる。実在の宣教師とは切り離して、イメージのなかで作られた「キリシタン」像を、仏教とは違うでたらめな教えをひろめる「天狗」と重ねて理解したわけで、説話的な天狗イメージが先行していたことが重要だ。

つまり「天狗は外国人」説は因果が逆転しており、漂着事件の有無を特定することはまったく意味がない。

なお戦国時代に日本で活動した宣教師の側も、diaboつまり悪魔の訳語として「天狗」を用いている。宣教師たちにとってあやしい教えで人を惑わすのはまさに悪魔の所行であり、異教の地で悪魔を退治し、キリスト教を広めることが自分たちの使命だと感じただろう。つまり宗教者たちはお互いを「天狗」「悪魔」と呼び合っていたわけである。

これまで「天狗」研究を担ってきたのは、主に民俗学や歴史学の研究者であった。必要なのは、文化的イメージを言葉や表現の面から考察する文学研究の立場からの考察である。これまでにも文学研究ですぐれた論考はいくつもあるが、本としてまとまったものはほとんどない。すなわちここに「天狗説話」研究を提唱するゆえんである。

民俗学の天狗研究

では、民俗学や歴史学が重ねてきた「天狗」研究とは、どのようなものだったろうか。

日本民俗学の父、柳田國男《やなぎだくにお》（一八七五〜一九六二）は、天狗のみならず日本の妖怪研究に先鞭を付けた先駆者だが、天狗を、平地人とは異なる独自の文化をもった異民族「山人」を神秘化したものだととらえた。柳田は、天狗の仕業として語られている山中の怪異を調べることで「日本人と全然縁の無い一種の人類」「旧人類」の消息がわかるのではないかと考えた(2)。全国から収集された天狗の事例から、歴史の表には出てこない「山人」文化の実態を明らかにしたいと考えたらしい。

しかし、柳田の仮説は同時代の南方熊楠《みなかたくまぐす》（一八六七〜一九四一）から厳しく批判された。南方は、深山に棲む人の様子が多少変わっているのは当たり前で、山地を往復する人はいくらでもいる、「山人」伝承も世界中にみられる類型のひとつで、日本だけの特殊な人種や文化ではないと完全に否定した。(3)

南方の批判もあって柳田は「山人」文化の探求を断念するが、柳田が「山人」文化にこだわった理由は、彼の個人的事情《パーソナリティ》にふかく関係がある。ひとつは若いころ詩人、小説家を目指した浪漫主義的な趣味の持ち主だったことと、もうひとつは農商務省に勤務し、台湾の植民地政策にかかわった経歴である。柳田には日本の「山人」文化を探究することで台湾での先住民対策に活かしたいという考えがあったといわれている。

これに対して、修験道に代表される山の信仰との関わりを重視したのが、宗教民俗学を提唱した五来《ごらい》重《しげる》(一九〇八～九三)である。(4)五来は日本文化の中でも特に修験道文化に注目し、修験道には山の神霊に対する古代信仰が残存しており、各地の山岳信仰や、民話、民俗芸能に残る天狗や鬼の伝承から痕跡を見いだせると考えた。

山岳信仰との関わりについてはほかにも、修験道研究者の宮本袈裟雄(5)など、多くの蓄積がある。なかでも特筆すべきは、在野の天狗研究で知られる知切光歳《ちぎりこうさい》(一九〇二～八二)だろう。

知切の本業は学者ではない。久保田万太郎門下の劇作家で、戦後はテレビ業界に携わった。少年時代から天狗に親しみを感じていたという知切は天狗研究以外にも仙人の研究や、親鸞、玄奘など高僧の評伝を著し、博覧ぶりを発揮している。『天狗考』、『図聚天狗列伝』は、実際に山々を歩くだけでなく文献資料を博捜し、天狗説話を集成した労作。カタログ型の事例蒐集では最高峰と言ってよい。

知切がもっとも心血を注いだのが、歴史、知名度、信仰の広まりから選定した独自の「天狗番付」である。西横綱・愛宕栄術太郎坊、東横綱・富士太郎坊を筆頭に、大関、小結、前頭、十両、行司や年寄までを丁寧にランキングしている。数度にわたって更新されたこの「番付」は、最終的には百八十狗もの天狗を解説つきで評価しており、読み物としてもおもしろい。他方、知切の「番付」に漏れた、全国に伝わる「名前のない」天狗たちの伝承については、高橋成氏によって調査、分析が進められている。[6]

ところが近年、宗教史研究では修験道に対する認識が大きく変化した。[7] 古来の山岳信仰と、教派として独立した修験道とを、明確に区別するようになってきたのだ。その結果、修験道を古来の山岳信仰と安易に結びつける考え方は訂正されつつある。

たしかに日本では古くから山岳信仰の系譜が見られる。古代寺院でも山岳修行はさかんにおこなわれ、平安時代末期には熊野（和歌山県）や大峯（奈良県）に独立した組織が作られた。しかし修験道の教義が整備されたのは鎌倉時代半ば、十四世紀以降とされる。天狗説話と結びつくのはさらにあと、室町時代以降だろう。さかのぼって古代に語られた天狗説話を修験道との関連で議論することは難しいし、まして、後世に作られた説話をもとに古代の山岳信仰の在り方を類推するようなやり方は問題がある。

天狗説話をすべて山伏（修験道修行者）との関連から（だけ）見てしまうと、説話が語られた当時の文脈をはずれてしまう可能性がある。説話の時代背景をふまえた天狗説話の研究が重要なのだ。

天狗はどこから来たか

前置きが長いのはいいことではないが、話のついでに「天狗」という言葉の来歴について書いてしまおう。

「天狗」という言葉はもともと漢語、つまり中国から来た言葉である。現代中国語で発音すれば**tiangou**、ふつう「テンコウ」と呼ぶ。天の馬を天馬《ペガサス》と呼ぶように、字義通り解釈すれば天を飛ぶ神犬が「天狗（天犬）」である。神仙が連れている犬も「天狗」と称し、有名どころでは『西遊記』で孫悟空を取り押さえた顕聖二郎真君《けんせいじろうしんくん》の愛犬などをさす。

一方、中国では月を飲み込む怪物のイメージが強い。中国を代表する近代詩人、郭沫若《かくまつじゃく》（一八九二～一九七八）に「天狗」という詩があり、冒頭は次のようになっている。

我是一条天狗呀！
我把月来呑了，
我把日来呑了，

私は一匹の天狗よ！
私は月を飲み込んでしまった
私は日を飲み込んでしまった(8)

この詩の「天狗」は日月を飲み込み、一切の星を飲み込み、宇宙と一体化してしまう巨大な存在である。民間伝承を下敷きにした壮大な詩だが、天狗が日月を飲み込む、日食月食を引き起こすという伝承は、古い時代には見られない。

清代の『欽定協紀弁方書《きんていきょうきべんほうしょ》』巻四に引く「枢要暦」に「天狗は月中の凶神である。その日に鬼神を祭り、幸せを願う」といい、河北省で採集された伝承では、八月十五日の中秋節に大口をあけて月を飲んでしまうともいう。この場合は月の満ち欠けをさすのだろう。(9)

天から下りてきて子どもを害する、犬に似た怪物だという伝承もある。明代に作られた『五雑組《ござっそ》』天部によると、福建の若妻は夜、星が空にあれば出歩かない、という。上空の天狗星を犯すと子孫を損なうといい、処女もこれを避ける。中国雲南地方のフィールドワーク調査を行なう川野明正氏からは、子どもが襲われないように天狗を追い払う「送天狗」という儀礼や、張仙という神人が天狗を矢で射る「張仙射天狗図」という厄除けの護符、年画が多数紹介されている。(10) 年画というのは正月にかざる縁起の良い絵のことだ。

空からやって来て子どもを害する、さらうという性質は、日本の天狗とも似ている。異なるのはもともと天にいる、という設定である。

『史記』天官書に、天狗は大奔星のようなもので音を発し、地に落ちれば狗のような姿になって付近に火災をもたらすといい、出現すれば「千里、軍を敗り将を殺す」、すなわち敗戦の予兆とされた。『漢書』天文志では、文帝の没する前年(紀元前一五八年)八月に天狗が梁野に下り、同年に謀反や匈奴の侵攻があった。また次代の景帝の代に起きた呉楚七国の乱(紀元前一五四年)でも天狗が下り、梁城の戦闘で多くの血が流れたとする。

この記述では雷の落ちた場所にあらわれる雷獣のように、星の落ちたところに出現した獣を天狗といっている。ほかに、星そのものとして観測される例もあった。小説『三国志演義』六十三回では諸葛《しょかつ》孔明《こうめい》が、天狗星が自陣を犯すのをみて敗戦を予見し、果たして蜀の軍師龐統《ほうとう》の敗死が伝わるという場面がある。流星、隕石の一種だろう。

日本における「天狗」の記念すべき初例も、星に関する記述である。『日本書紀』舒明天皇九年（六三七）二月条に、東の空から西へ雷のような音をたてて流れた星を、中国への留学経験を持つ僧旻《みん》が「流星にあらず、天狗なり」と判じたという。平安時代からの古訓では天狗に「あまつきつね」とのルビが付されている。

この年は蝦夷の乱が起こり、討伐軍を率いた上毛野形名《かみつけののかたな》が敗走する事件が起きている。一時は砦も包囲されてしまうが、妻の激励により奮起した形名が形勢を逆転させ勝利したという。「天狗」出現の記事はこの予兆として記されたのだろう。

天狗図『山海経』西山経

中国の「天狗」はおおむね字義どおりの、空から降りてくる犬のような怪物、または怪物に擬えられる凶星とまとめられる。しかし、『山海経』第二・西山経には「天狗」は深山に棲む、白い首で狸（タヌキではなくヤマネコ）のような怪獣で、凶をふせぐによい、とある。宋代の百科全書『博聞志』（現在は散逸）にも同じ記述があり、ヘビを食べるともいう。狗なのにヤマネコに似ているというからややこしい。

このように中国の文献でも天狗像は多様であった。日本には中国由来の漢語として移入されたようだが、そのままでは広まらず、さらに独自に展開していったのである。

馬琴の天狗論

この違いは江戸時代に書かれた、先駆的な天狗研究のなかでも注目されている。そのひとつが『南総里見八犬伝』で有名な曲亭馬琴《きょくていばきん》の随筆『烹雑記《にまぜのき》』(11)である。

馬琴は作品中のウンチクが長いので有名だが、天狗についても学者顔負けの博識ぶりを発揮し、和漢の用例をまとめている。馬琴は「天狗と名《ナノ》るもの、和漢一ならず」と述べ、同じ「天狗」という言葉でも中国と日本とでは違う、と指摘したうえで天狗を五つに分類する。すなわち、第一は『日本書紀』や中国の天文書でいう星の名である。第二は仏説にいう夜叉飛天である。第三は『山海経』にいう獣の名である。第四は中国の山魅《コダマ》、第五は軍記物語に登場する怨霊、冤鬼《ゆうれい》である。

馬琴が第四証にふれる『広西通志』の事例は、中国の東北部池州に、人に似て身のたけ二丈、みだれ髪で鳥のくちばし、背にふたつの翼をもつ怪物がおり、子どもらが歌い遊ぶのを見て笑い興じた。日本の天狗に似ているが、天狗とは呼ばれていないという。第五証でいう怨霊は、讃岐(香川県)に流された崇徳院が生きながら天狗の姿となったとする『保元物語』や、怨霊たちが集会を開き乱世を導いたとする『太平記』の記述にもとづく。

馬琴は、日本で天狗と呼ばれているものもさまざまな姿形、性質をもつと述べながら、いわゆる「天狗」は、仏教者が破戒の僧俗を諷刺するため作りだした架空の存在だと喝破する。さらに、姿は山伏姿というが、翼があるのに着物を着ているなら背中はどうなっているのだ、翼は取り外し自由なのか、などと鋭くツッコミを入れている。

馬琴の言うとおり江戸時代に公刊された「天狗論」も多くは仏教者の側から発信されている。代表的なものとして、運敞《うんしょう》による問答形式の百科全書『寂照堂谷響集《じゃくしょうどうこっきょうしゅう》』（元禄二年、一六八九年刊）や、妙《みょう》龍《りゅう》諦忍《たいにん》による『天狗名義考』（宝暦四年、一七五四年刊）がある。これらの仏書で参照される事例は中世の仏教説話集などで、そこから天狗とは経典で仏教に敵対すると書かれた天魔であり、高慢邪執によって魔道に堕ちた仏教者でもある、と結論するものが多い。具体例や当否については今後の論述で検討していこう。

さて、馬琴の指摘は現在の我々と天狗イメージを共有していることもあって参考になる点が多いが、なにより同じ「天狗」という名称でさまざまな存在がおり、逆に「天狗」と名付けられていない似た存在もいる、という点は大きな問題だろう。この点をあいまいにしておくと、そもそも研究対象が定まらず、行き当たりばったり、研究の方向を見失うことが予想される。そこで本書の構成とともに、本書の定義する「天狗説話」とその考え方についてもう一度述べておきたい。

本書の構成

やや気取った用語になるが、天狗説話を検討するときには言語学者のソシュールが提唱した表現《シニフィアン》と表現されるもの《シニフィエ》の関係を考える必要がある。(12)

たとえば「犬」を例にして考えてみよう。「四つ足でワンワンと吠えるけもの」を「犬」と呼ぶか「ワンコ」というか、あるいは「dog」（英語）や、「狗《ガオ》」（中国語）と呼ぶか、その対応関係に必然はない。名前（表現）と、表現されるものとは、それぞれの言語集団の、文化的な約束事にしたがって結びついているだけだ。

しかし、表現は逆に表現されるものを規定することもある。ある人は「犬」のなかに和犬も洋犬も、時にはオオカミもふくむが、「犬」「狼」を別々に表現できれば区別できる。表現の区別が、実際に犬と狼とを区別する認識を規定していくのだ。

天狗のような架空の「表現されるもの」は、あるいは星であったり、翼の生えた魔物や山伏の姿をした妖怪であったり、おおきく変化する。確実なのは史資料に残る「天狗」という名称（表現）しかない。そのためまずは「天狗説話」を「天狗」という語の用例に限定して検討する。ここで「天狗」と呼ばれていない中国の事例は除外される。

そのうえで本書は、四章に分けて「天狗説話」を分析する。

第一章「天狗像の形成」では、天狗信仰の代表的な場である鞍馬寺、愛宕社を中心に、我々のよく知る鼻高天狗像が成立した歴史的経緯をたどる。ここでは古代中世の資料から日本における天狗像の原型を見定めつつ、天狗像の定着について概観する。

第二章「天狗の中世」では、天狗像が大きく変化した中世という時代を見ていく。日本の中世は、おおむね平安時代末期から鎌倉・南北朝・室町・戦国を経て安土桃山時代までをさすが、この時期の天狗像は主に仏教に敵対する魔物として位置づけられた。しかし貴族や僧侶から武士、そして庶民にまで天狗説話が広がるなかで天狗像は変質していく。

第三章「天狗銘々伝」では、鎌倉時代に成立した絵巻『是害房絵』を切り口に、各地に伝わる天狗伝承を分析する。『是害房絵』は唐から飛来した是害房（是害坊）が日本の高僧に撃退される、という内容の説話を絵巻化したものだが、多くの諸本が作られただけでなく、能、歌舞伎などの芸能に翻案され、現代にも影響力が及んでいる。

是害坊説話は民間にも影響し、いわゆる「八天狗」とも習合した。「八天狗」とは、愛宕栄術太郎坊、鞍馬僧正坊、比良山次郎坊、飯綱三郎、大山伯耆坊、大峯前鬼坊、白峰相模坊、彦山豊前坊
の八狗で、浮世絵などにもよく描かれた、日本の天狗ベスト8である。こうした天狗の固有名については知切光歳の調査があるが、本章ではその成果を批判的に継承しながら、全国の天狗伝承と修験との関わりについても検討する。

第四章「天狗の行方」では、あらためて江戸時代から現代までの天狗説話を考える。おおまかにいえば中世の仏教的な魔物としての理解から、修験と結びつき天狗信仰が成立し、江戸時代において娯楽的

キャラクターとしても定着していくことになる。しかし近現代に入っても多くの天狗説話が新たに生み出されており、江戸時代後期からの連続性や、近現代の時代背景を鍵に考察を進める。そして天狗とは何かを改めて考える。

本書は時代を横断し、さまざまな学問分野を参照しながら多くの説話を分析するため、わかりにくい部分もあると思う。しかし天狗説話を一面的に理解せず、それぞれの史資料に残る表現と、表現をとりまく文化的、社会的な文脈(約束事)を考えることが、「天狗説話」研究のスタンスだ。どうぞ気長にお付き合いいただきたい。

〈注〉

(1)信楽香雲『くらま叢書　生きる力』鞍馬弘教総本山鞍馬寺出版部、一九七一年。

(2)柳田國男「天狗の話」『新訂妖怪談義』角川ソフィア文庫、二〇一三年。初出『珍世界』一九〇九年。なお大塚英志編『柳田国男山人論集成』角川ソフィア文庫、二〇一三年も参照。

(3)『南方熊楠コレクションⅡ　南方民俗学』河出書房、一九九一年にまとめられている。

(4)五来重『鬼むかし　昔話の世界』角川書店、一九八四年など。

(5)宮本袈裟雄『天狗と修験者』人文書院、一九八九年。のち法蔵館文庫、二〇二三年。

(6)高橋成氏の一連の研究は『西郊民俗』二〇〇六年〜二〇一六年などに発表されている。

(7)時枝務、長谷川賢二、林淳編『修験道史入門』岩田書院、二〇一五年。菊地大樹『日本人と山の宗教』講談社現代新書、二〇二〇年。『現代思想』四九・五「総特集陰陽道・修験道を考える」青土社、二〇二一年。

(8) 藤田梨那「郭沫若の「天狗論」」『国士舘大学文学部人文学会紀要』三六、二〇〇三年一二月の訳を参照した。
(9) 袁珂著、鈴木博訳『中国神話伝説大事典』大修館書店、一九九九年。
(10) 川野明正『神像呪符「甲馬子」集成：中国雲南省漢族・白族民間信仰誌』東方出版、二〇〇五年。
(11) 「烹雑記」『日本随筆大成第一期二十一巻』吉川弘文館、一九七六年。
(12) 入門書として町田健『コトバの謎解き　ソシュール入門』光文社新書、二〇〇三年。橋本陽介『ナラトロジー入門』水声社、二〇一四年など。

第一章　天狗像の形成

1　鞍馬天狗

画期としての「鞍馬天狗」

一説に、初めて鼻の高い天狗図が描かれたのは将軍家御用絵師、狩野元信《かのうもとのぶ》（一四七六～一五五九）の「古法眼筆僧正坊図」（古法眼は元信のこと）という。『本朝画史』などに記載される伝説によれば、ときの将軍から夢にみた鞍馬天狗（僧正坊）の図を依頼された元信が、同じく夢にみた天狗の姿を描いたところ、将軍から夢のとおりだと賞讃された、これが今の天狗図の源流という。この絵は大岡春卜《おおおかしゅんぼく》の模写があるが、鼻高の堂々たる大天狗図で、原画には左に役行者、右に源義経が描かれていたという。

もちろん、伝説は伝説だ。室町時代末に成立したとみられる『吉野拾遺』という説話集には洞院実守という人の歌で、次のようなものがある。

天狗とも　いはばいはなむ　いはすとて　鼻ひくからぬ　我身ならねば

自分の鼻は立派だから天狗といわれても仕方ないという戯れ歌で、元信画よりはやく、鼻高の天狗像

大岡春卜『画本手鑑』より「古法眼僧正坊図」の模写
（東京藝術大学附属図書館 蔵）

が広まっていたことがわかる。しかし、元信画に代表される「鞍馬の天狗」像がきっかけとなって、現在へつながる「天狗」イメージが広まった可能性は高い。

　鞍馬の天狗を有名にしたのは、義経の兵法修行の伝説をもとにした能『鞍馬天狗』である。あらすじを紹介しておこう。

　鞍馬山の僧が稚児たちを連れて花見をしているところへ、怪しげな山伏がまぎれこむ。僧たちは興を冷まして立ち去るが、稚児のひとり遮那王《しゃなおう》（義経）は残って山伏と言葉を交わし、平氏全盛の世での不遇を打ちあける。山伏は大天狗の正体を明かし、姿を消す。翌日、約束した場所で待つ遮那王を小天狗たちがからかうが、遮那王が取り合わないでいると、諸国の天狗を引き連れた大天狗が登場する。遮那王のひたむきさに心打たれた大天狗は兵法の奥義を授け、源氏の武運を約束する。

遮那王と名乗っていた稚児姿の義経と大天狗の交流は、ややエロティックで男色的《ホモセクシャル》の空気もある。

前半で鞍馬の大天狗は山伏の姿であらわれるが、後半では一転、大天狗として正体をあらわす。大天狗の面は大癋見《おおべしみ》と呼ばれ、口を真一文字に結び、ぐっと食いしばった鬼神の顔立ち。大きな目鼻に特徴があるが、山の神とも一体化したような偉容が印象的で、天狗界の王としての威厳がただよう。

『鞍馬天狗』の作者は宮増（生没年未詳）といわれ、寛正六年（一四六五）に京の粟田口での初演記録がある。天狗が登場する能は少なくなく、能の素材が拡大するなかで『善界《ぜがい》』（「是我意」とも）、『大会《だいえ》』、『車僧《くるまぞう》』などの天狗物が作られている。

しかし同時代に作られたほかの天狗物の能と比べても、『鞍馬天狗』の威厳あふれる天狗像はユニークだ。ほとんどの天狗は、仏法に敵対して高僧に撃退される、滑稽な魔物として登場する。たとえば『善界』は中国から法力比べに来た善界坊天狗を比叡山の僧が撃退する話であり、『車僧』は、牛もつながず法力だけで車を動かす高僧に問答をしかけた愛宕の太郎坊天狗が、逆に論破され退散するという話である。どちらも仏教説話をもとにしており、強い力を持ちながら意外とあっけなく負けてしまう、昔話にも通じるキャラクターがおおきな見どころとなっている。

ところが、『鞍馬天狗』の天狗は、若き義経に兵法を授ける守護神のような存在である。義経が鞍馬の天狗を相手に修行したという説話は、古活字本『平治物語』（鎌倉時代成立）にも語られるが、意外にも『平家物語』や、義経伝承の集大成とされる『義経記』に詳しい記述はない。能の内容は、むしろ同時代のお伽草子『天狗の内裏』などに近いので、あらすじを紹介しておく。

鞍馬山で修行する義経が、僧として父祖の供養をするべきか武士となって敵をとるべきかで悩んだすえ、鞍馬寺本尊の毘沙門天の啓示によって、常人ではたどりつけない鞍馬寺の奥の院、天狗の内裏へ向かう。そこで父、義朝が浄土で大日如来に生まれ変わったと知り、父に会うため天狗の案内で一三六の地獄と六道をめぐり、ついに父（大日如来）から平家を滅ぼすように託され、平家打倒を誓う。

『天狗の内裏』はもともと仏教の教えとともに語られた説経浄瑠璃（人形劇）の演目で、特に奥州（東北地方）で好まれたため奥浄瑠璃とも呼ばれる芸能である。東北にゆかりの深い義経はもちろん、父義朝が大日如来となったなど、源氏びいきがはげしい内容だが、能『鞍馬天狗』と同じく力強い天狗像が特徴的で、物語草子や絵本としても多く流通した。

同時代に流行した芸能のひとつ幸若舞にも『未来記』がある。義経は鞍馬山の天狗に兵法を授かり、平家打倒の未来を予見される。幸若舞は曲舞ともいい、織田信長の愛好した「敦盛」など軍記に由来するものが多い。少年義経と、義経を守護し、兵法を伝える鞍馬天狗の組み合わせは、室町時代中期から戦国時代の人気コンテンツだった。

兵法と天狗のつながりは、その後も各剣術流派の秘伝書などにあらわれ、大佛次郎《おさらぎじろう》（一八九七〜一九七三）の生みだした剣劇ヒーロー「鞍馬天狗」にまで引き継がれる。最近も大ヒット漫画『鬼滅の刃』（吾《ご》峠呼世晴《とうげこよはる》、集英社、二〇一六–二〇二〇）でも、主人公竈門炭次郎《かまどたんじろう》に剣の手ほどきをする鱗滝左近次《うろこだきさこんじ》という人物が、天狗面をつけていたことは記憶に新しい。

判官びいき

あらためて紹介するまでもないが、源義経（一一五九～八九）は実在の人物である。源義朝（一一二三～六〇）と常盤御前の子として誕生し、幼くして鞍馬寺に預けられたものの出奔、奥州藤原氏の庇護を受けて兄、頼朝の挙兵に加わり、壇ノ浦で平家を滅ぼす。その後、頼朝と確執が生じ、最後は奥州衣川で自害する。

義経の実伝については近年、歴史学からも緻密な成果が積み上げられているが、ここでは深入りしない。鮮やかな軍事的成功と結末のドラマチックさから、義経の生涯ははやくから伝説化し、芸能や物語草子として庶民にも親しまれた。

十三世紀ごろまとめられた『義経記』をはじめ、鎌倉時代末から室町時代に語りつがれた「判官物」の義経像は、美女に見まがう美しい容貌と、古今の兵法に通じる聡明さ、和歌や笛をたしなむ教養を兼ねそなえた、完璧なヒーローである。

さらに『義経記』では、陰陽師・鬼一法眼《きいちほうげん》の娘に通じて大陸由来の兵法書を手に入れたと語られる。ここから『鬼一法眼虎之巻《きいちほうげんとらのまき》』なる秘伝書さえつくられた。ちなみに歌舞伎作品では鬼一は鞍馬天狗と同一視され、鞍馬山に「鬼一法眼之古跡」も伝わっている。

そのほか「判官物」はあらゆるジャンルに広がっているが、人形浄瑠璃の語源ともなった『浄瑠璃《じょうるり》物語』、『皆鶴《みなつる》』などの悲恋もの、『御曹司島渡《おんぞうししまわたり》』、『天狗の内裏』など義経が超人的才能を発揮する物語草子（お伽草子）が特に人気だった。また武士に愛好された曲舞（幸若舞）では、鞍馬山での修行時代や常磐御前との別れを語る母子もの、奥州落ちの途中での元服を語るものなどがあった。

お伽草子『御曹司島渡』は、奥州滞在中の義経が天狗に学んだ秘術に加え、鬼の大王のもつ無敵の兵法書「大日の法」を学ぶため船で北方を目指す海洋冒険譚である。途中、女ばかりの島、小人の島などを経て鬼の島にたどり着き、大王の娘を利用して兵法書を盗むが、娘と引き裂かれ、本国へ帰る。『義経記』と共通する兵法秘伝書をめぐる伝説と、『ガリバー旅行記』や「シンドバッドの冒険」にも似た海洋冒険譚が合体した、気宇壮大な物語だ。近世初期に刊行された渋川版御伽文庫二十三編にも選ばれ、「義経＝チンギスハン伝説」につながる、息の長い義経物語に成長した。

しかし『義経記』にせよ、ほかの語り物にせよ、鵯越や壇ノ浦のような華々しいいくさ物語はほとんど語られない。幼少期の鞍馬寺や奥州下り、成人後は頼朝に追われ再び奥州へ落ちていく姿、いわゆる「貴種流離」と呼ばれる型《タイプ》の悲劇の英雄像なのである。

なぜ、こうも義経が求められたのか。むろん若くして散った義経に同情する「判官びいき」が核となっているが、それだけではない。義経伝承の隆盛には、需要に対する供給、すなわち伝承の語り手の存在があった。

はやくに角川源義《かどかわげんよし》は、時衆聖や唱門師といった下級の宗教者が、義経伝承を語りながら街道を往来し、信仰を促していたと論じた。[1]『天狗の内裏』研究を進めた徳田和夫氏も、鞍馬寺僧の勧進活動を指摘する。[2]勧進とは、寺社の修造や建築の費用として寄付を勧める募金活動のことで、その際に寺社の由来や霊験を語ることが少なくない。つまりゆかりの寺社関係者によるＰＲ活動である。毘沙門天を本尊とし、武芸にも通じた鞍馬の僧たちによって語られる義経伝承は、武家に喜ばれ、勧進に適していたというのである。

そもそも室町幕府（足利氏）や江戸幕府（徳川氏）にとって、同じく源氏につらなる義経伝承は好ましいものだったに違いない。まして室町幕府は、義経と敵対した鎌倉幕府を滅ぼし、覇権を握ったのである。義経や父義朝は、頼朝を上回る理想的な武士として神聖化、美化された。英雄・義経のイメージを語る副産物として成長してきたのが、鞍馬寺の天狗説話だったと考えてよいだろう。

鞍馬寺と天狗説話

鞍馬寺は、都からも遠くない山寺として平安時代から信仰を集めていた。『大日本法華験記《だいにほんほっけげんき》』などに引用される古い縁起によれば、平安時代のはじめ、東寺造営の長官であった藤原伊勢人《ふじわらのいせひと》という人物が洛北に霊地を求め、毘沙門天像を発見してまつり始めたといい、また東寺僧峰延が鞍馬山中で鬼に襲われたが毘沙門天に祈って助かり、伊勢人から寺を任されたと伝える。

古縁起では真言宗系の東寺とのつながりが重視されるが、のちに成立した『鞍馬蓋寺縁起《あんばがいじえんぎ》』では、それよりはやく宝亀元年（七七〇）に鑑真の弟子、鑑禎《がんてい》が毘沙門天像を彫って草堂を建てていたとする。鞍馬寺は天永年間（一一一〇～一三）から天台宗延暦寺の管轄下になって鞍馬寺検校職が設けられている。より古い開創縁起として鑑禎の説話が語られたのは、東寺との関係を相対化するためだっただろう。

時代が下り、戦国時代に成立した狂言「くらままいり」は、太郎冠者を連れた主が鞍馬寺に参詣する内容で、庶民にも鞍馬寺が身近だったことがよくわかる演目である。

太郎冠者　今夜は宿坊へはござらぬか
主　　いやゆくまい
太郎冠者　宿坊へゆけば、酒をたべてよいが、また起こそう。申し、申し
主　　何事を言いおる
太郎冠者　今夜ござらずは、明日ござろうと申てまいろうか
主　　言語道断の事をいう。宿坊へゆけば、茶の酒のというて、造作させらるるが難しさ（面倒）にゆかぬ。冗談なこと、かしましう言うまい。

主は御堂で通夜をしようとするが、太郎冠者は宿坊で酒を飲みたいと誘う。おそらく宿坊では、ざっくばらんな、ありていにいえばやや猥雑な環境で参詣客に酒肴が振る舞われていただろう。そこで世話をする寺僧たちは、夜のつれづれをなぐさめるため座談に興じ、寺の由緒（縁起）や義経の伝説などを語って聞かせていたのではないだろうか。

鞍馬寺の本尊、毘沙門天は仏教を守護する四天王のうち、北の護りである多聞天と同体とされる。元来はヒンドゥー教の神クベーラ（Kubera）で、夜叉、羅刹といった鬼神の王で財宝を施す神とされるところから、庶民にとっては福徳の神として信仰された。狂言「くらままいり」後半では、太郎冠者が夢で

「ありの実（梨）」を授かったと聞いた主が、太郎冠者の福徳を譲り受けようとやりとりをする。福神としての毘沙門天信仰をもとにした応答である。一方、武家にとっては武神であり、兵法成就の神でもあった。

柳田國男の「天狗の話」という文章では、王朝時代から中世以降は天狗イメージの転換があったと指摘し、次のように述べている。

元来天狗というのものは神の中の武人であります。中世以来の天狗はほとんど武士道の精髄を発揮している。少なくとも武士道中の要目は天狗道においてことごとく現われている、殊にその極端を具体して見せている。すなわち第一には清浄を愛する風である。第二には執着の強いことである。第三には復讐を好む風である。第四には任侠の気質である。儒教で染め返さぬ武士道はつまりこれである。これらの道徳が中庸に止まれば武士道で、極端に走ればすなわち天狗道である。(3)

ここでいう「武士道の精髄」は、まさに能『鞍馬天狗』にみる室町後期の天狗像にあてはまる。すなわち、兵法に通じ、義経の義気に感じて力を貸すという点、さらに修験道に接近し、山の神霊としての存在感をもつ点である。柳田らしい比喩的な言い回しだが、天狗と武士道との関わりを見いだした点はさすがに鋭い。

この天狗の二つの特徴は、室町時代後期から戦国時代にかけて定着したようだ。すなわち武士がより武士らしくなっていく時代に形成されたと考えられる。

2　愛宕山太郎坊

天狗の名前

天狗の登場する能作品として『鞍馬天狗』以前に『花月』がある。天狗をシテ（主役）とするものではないが、一説に世阿弥作ともいわれる古い曲である。概要を紹介しよう。

幼い息子が行方不明になったことから出家の旅に出た筑紫国の男が、清水寺の門前で曲舞を踊る少年・花月に出会う。花月は小唄を歌い、また清水寺の縁起にまつわる曲舞などを披露する。その様子を見て我が子と確信した男は互いに名乗りあい、花月は父に、天狗にさらわれて、彦山、白峯、大山、愛宕、鞍馬など諸国の山をめぐったと経験を語る。再会を喜んだ親子は、ともに仏道修行の旅に出る。

天狗は少年花月の語りに登場するだけで、舞台にあらわれない。しかし「山巡り」の趣向で語られる山々はいずれも修行場として名高く、天狗と修験、そして曲舞や能といった芸能の世界が結びついていたことがわかる。

この趣向は『鞍馬天狗』にも継承された。稚児と天狗の組み合わせをエロティックに語る描写をふくめ、『鞍馬天狗』は『花月』からの影響が強い。以下は諸国の天狗を従えて鞍馬天狗が登場する「天狗揃」（天狗大集合）の場面である。

まず御供の天狗は誰々ぞ。筑紫には、彦山の豊前坊。四州には、白峰の相模坊、大山の伯耆坊、飯綱三郎、富士太郎、大峯の前鬼が一党。葛城、高間、よそまでもあるまじ。辺土においては、比良、横川、如意が岳、我慢高雄の峰に住んで、人のためには愛宕山、霞とたなびき雲となって、月には鞍馬の僧正が、谷に満ち満ち峰を動かし、嵐、木枯、滝の音、天狗倒しはおびただしや(4)

本来は地謡（バックコーラス）とシテ（主役）の掛け合いになっているが、わかりやすいようにまとめてみた。通常、舞台上は大天狗ひとりだが、ときには複数の天狗を引き連れる派手な演出もあったという。流派によって多少の異同があるが、九州、四国、山陰、甲信、そして近畿における修験の霊山と、各地に止住する天狗の名が列挙される。このころには霊山と天狗の名前を結びつけた考えが広まっていたようだ。

ところが『鞍馬天狗』には「愛宕山太郎坊」が登場していない。愛宕山太郎坊の名は古くから知られているが、『鞍馬天狗』では愛宕山の地名が文飾として使われているだけで、別に「富士太郎坊」が登場する。確かな理由はわからないが、太郎坊は愛宕に限定されておらず、当時としては違和感がなかったのかもしれない。

時代が下るが、宝暦四年（一七五四）刊行の『山城名跡巡行志』には

不動堂　僧正カ谷ニ在リ［伝教ノ作］〇太良坊ノ社　同所北一町計ニ在リ。此所、牛若丸剣術琢磨ノ所也ト謂フ。石面、尋常《ヨノツネ》ニ非ズ。挑石《ク、リイシ》陰石《カクレイシ》據石《ツカミイシ》足駄石《アシタイシ》硯石《スヽリイシ》水入石《ミツイレイシ》等ノ名アリ。此所魔所トテ人恐ヲ為ス。

とあって、かつて鞍馬山にも「太良坊社（良は郎の異体字）」があったことがわかる。ここから鞍馬山でも愛宕太郎坊が祀られていたと考える研究者もいる。愛宕と鞍馬は修験の交流があったので、太郎坊信仰が鞍馬山にあっても不思議ではないが、同体とする根拠は乏しい。別物と考えて、鞍馬の天狗を太郎坊と呼んだとみてもよいと思う。

また現在、滋賀県東近江市赤神山にある阿賀神社も「太郎坊宮」を名乗っている。社伝では推古天皇時代の創建と伝える古社で、祭神は天照大御神の御子、正哉吾勝勝速日天忍穂耳大神《マサカアカツカチハヤヒアメノオシホミミノオホカミ》だが、地元では天狗の「太郎坊さん」として知られる。そして、地元では赤神山が兄で太郎坊、愛宕山が弟で次郎坊だというのである。

太郎という名前は序列の一番をあらわす記号であり、天狗界の頭領という意味合いしかない。ここでは鞍馬山の天狗を総領とみなす考えを優先したものだろう。

愛宕の信仰と太郎坊

『平家物語』の数多い異本のひとつで特に古態を残すとされる延慶本には、柿本紀僧正真済《かきのもとのきのそうじょうしんぜい》という験力無双の聖が大驕慢の心のため日本一の大天狗となった、これが愛宕山の太郎坊だとある。延慶本の原型が成立した鎌倉時代には、すでに愛宕山の天狗を太郎坊としていたらしい。

太郎坊に擬せられた真済（八〇〇～六〇）は紀氏の生まれ、弘法大師空海の十大弟子の一人。知力にすぐれた高僧で朝廷の信任もあつかったが、『日本三代実録』によれば文徳天皇の病を癒やす祈祷に失敗し、失意のまま隠遁したとされている。

愛宕神社（京都）の京都愛宕会奉納大絵馬（撮影＝著者）

晩年不遇だった真済が死後天皇家を悩ませたという伝承は『拾遺往生伝』（一一一一年以降成立）や『無《む》動《どう》寺《じ》建《こん》立《りゅう》相応《そうおう》和尚《かしょう》伝《でん》』（九二〇年ごろ成立）にも記されている。真済は「天狗」または「天狐」となって染殿后（藤原明《あきら》子《けいこ》、八二九～九〇〇。文徳天皇の女御）に取り憑き、相応和尚に調伏されたという。異伝では真済の霊が「鵲《カササギ》」の姿であらわれたという説話もある。真済をめぐる伝承はバリエーションが多く、それだけで一大テーマとなるほどだが、ここではこれ以上掘り下げない[5]。

ここで問題にしたいのは、鞍馬と並ぶ天狗信仰のメッカ、愛宕山という場の問題である。平家物語異本のひとつ『源平盛衰記』には、安元の大火（一一七七年）を愛宕山の天狗の仕業とする有名な伝承が語られている。これは占いをする盲目の入道が、大火の火元が「樋口富小路」と聞いて、「樋口は火口、富小路はトビに通じ、トビは天狗の乗り物」だと解いたという内容である。まるでトンチだが、それなりに受け入れられたらしい。

翌年の治承の大火（一一七八年四月十三日）と合わせ、太郎焼亡、次郎焼亡とも呼ばれた大火の被害は、当時の日記資料から割り出すと大内裏を含む京の三分の一が焼失したというから、たいへんだ。太郎、次郎は災害の順序を示したものだろうが、大火から百年以上のちの『源平盛衰記』では、天狗の仕業として語られていた。また室町時代の皇族、伏見宮貞成《ふしみのみやさだふさ》の日記『看聞日記《かんもんにっき》』永享八年（一四三七）にも、愛宕山には火打石を入れた袋が三つあり、天狗が大火をおこすときは見えなくなる、という伝承が記されている。

現在、愛宕山（京都市右京区）の愛宕神社は、火伏せの信仰で知られ、伊弉冉尊《いざなみのみこと》ら五座、若宮に雷《いかづち》神《のかみ》、迦倶槌尊《かぐつちのみこと》（火神）、破无神《はむしん》をまつるが、明治以前は白雲寺など五箇寺で神仏習合の愛宕権現をまつり、本地仏は勝軍地蔵とされていた。火伏の札を売っていたのは主に山伏で、天狗の眷属を名乗っていたという。太郎坊天狗を描いた絵馬は鳥頭人身で猪に騎乗した姿として描かれるが、これは愛宕権現（勝軍地蔵）が、軍神である摩利支天の影響をうけ猪を使者としているからである。このように愛宕の信仰は様々な信仰が入りまじり、なかなか複雑な歴史を持っている。(6)

史料に即して愛宕山の信仰をさかのぼると、古くは愛宕護、愛太子、愛当護などの字も宛て、『延喜式』神名帳にも「阿多古社《あたご》」の名がある。『三代実録』元慶四年（八八〇）四月二十九日には「愛当護山《アタゴ》の無位の雷神を従五位下にした」とあり、もともと雷神をまつる信仰もあったらしい。

しかしその後『大日本法華験記』は八〜一〇世紀にかけて愛宕山で修行した仁鏡、好延、叡実といった法華経修行者たちの名を記し、地蔵菩薩の利生の地とする。叡実については『小右記』天元五年（九八二）にも「愛太子《アタゴ》白雲寺」の僧として確認できる。

こうした修行者以外に、『源氏物語』や『宇治拾遺物語』には「愛宕の聖」が登場し、これは念仏をすすめて歩く半僧半俗の宗教者らしい。在地の雷神信仰、山中における法華経や地蔵の信仰、山麓での念仏信仰。愛宕の信仰は当初から複雑な多面体であった。

アタゴとヲタギ

『今昔物語集』巻二十第十三話には、アタゴ山で修行していた無学な聖の説話が収録されている。

今は昔、愛宕護山に長く修行する聖人がいた。長年、法華経を信仰していたが、無智で、法文を理解することがなかった。その山の西に鹿や猪をとる猟師がいて、聖人を敬ってしばしば訪ねていた。

ある日、聖人のもとに果物などを届けに来たところ、聖人が「最近、とても貴いことがあるのです。法華経を信奉しているおかげで、毎晩普賢菩薩さまが現れるので、是非ここで泊まって一緒に拝みなさい」と言う。聖人の弟子の童子も、何度も普賢を拝んだというので、眠りもせず夜を待った。夜半過ぎになると、東の峰が明るくなり、白象に乗った白く輝く菩薩がしずしずと現れた。あまりの貴さに聖人は涙を流して礼拝したが、猟師は「修行を重ねた聖人さまはともかく、弟子の童子や殺生をしている自分まで菩薩の姿が見えるのはおかしい」と考え、普賢菩薩の胸元めがけて矢を射かけた。そのとたん光が消え、谷のほうに逃げていく音がした。

聖人は驚き、騒いだが、猟師は動じず、夜が明けてから菩薩のいたあたりを見ると多くの血が流れていた。血をたどっていくと、谷底に大きな野猪《くさゐなぎ》が、矢に当たって死んでいた。すなわち、聖人とはいえ智恵のない者は化かされるが、殺生を仕事とする猟師であっても思慮があれば、化けの皮を見抜くことができるのだ。このような獣は人を化かすもので、その結果命を落としたのはつまらないことだ、と語り伝えているという(7)。

ここでいう野猪は、同じ話をおさめる『宇治拾遺物語』一〇四によれば猪ではなくタヌキのことらしい。無智な聖人の失敗譚だが、アタゴ山は法華経持経者の修行場でありながら、都とは異質の、獣が人を化かすような魔所として認識されていた。古くからの霊地であった愛宕山が、なぜ魔所としても認識されたのだろうか。

愛宕山の信仰史をひもとくときにわかりにくいのは、京都市内の地名をさす「愛宕郡《ヲタギ》」と、山の名であるアタゴ(愛太子、愛宕護)が、どちらも「愛宕」の表記で統一されてしまったことである。

ヲタギは、京都盆地の東北部全体をさす地名で、左京の大部分をしめるが、特にいわゆる「六道の辻」周辺をあらわす地区名にもなっていた。この周辺は、葬送地である鳥部野に近く、清水寺、六道珍皇寺、六波羅蜜寺などが密集し、冥界信仰で知られる。

ところが、愛宕山山麓も化野、嵯峨野とよばれる葬送地につながり、勝軍地蔵という地蔵信仰の霊地である。五来重などは「アタシ野」「アタゴ」「ヲタギ」は、はかないという意味の「あたなし」に通じ、同じく葬送地を意味する語源をもつと解説する。(8)

アタゴ、ヲタギの両所は、ともに都の周辺でありながら冥界に近い土地と認識され、やがて相通じる場所として、混同されていったようである。たとえば「愛宕山月輪寺」の中興として、鎌倉時代の説話集や僧伝では真言宗大安寺の慶俊《けいしゅん》の名が語られるが、慶俊は愛宕寺《おたぎ》(現在の六道珍皇寺)の開祖で空海の師匠筋にあたる学僧であり、愛宕山とは無関係である。また、愛宕山には念仏聖の開祖である空也上人の修行伝承もあるが(能『愛宕空也』)、空也といえば六波羅蜜寺ゆかりの聖である。

しかし中世になると愛宕の地蔵は軍神、勝軍地蔵に変貌し、武家から信仰された。織田信長から中国征討を命じられた明智光秀が愛宕山での百韻連歌に参加し

時は今あめが下しる五月かな

の発句を詠んだ直後、京へ引き返して本能寺の変を起こしたことはよく知られている。この句に光秀の野心を見る説はのちに軍記作者が記したもので信頼できないが、戦を前に戦勝祈願を期して参詣したことは間違いないだろう。

現在、愛宕社は全国に八〇〇とも九〇〇ともいわれるが、戦勝祈願や火伏せの信仰は、中世に山岳修行者たちが武家や庶民の身近な祈祷にかかわって広めたと考えられる。こうして愛宕は、天狗説話の

メッカとして定着していく。

愛宕の「天公」

愛宕山の天狗説話の始まりとして有名なものは、藤原頼長《よりなが》（一一二〇～五六）の『台記《だいき》』久寿二年（一一五五）八月二日記事である。

親隆朝臣が来て言うには、崩御された近衛天皇の霊が巫に憑依し、自分は「愛宕護山天公像」の目に釘を打って呪った者がいるため失明して死んだのだ、と告白した。確かめると実際に像に釘が刺さっていた。愛宕の住僧の言葉により、美福門院や関白忠通は忠実や頼長を疑っている、という。しかし私（頼長）は「愛宕護山天公」の飛行は知っていたが「天公像」の存在は知らなかったから祈請できるはずもない。[9]

夭逝したばかりの近衛天皇（鳥羽院の子、一一三九～五五）の霊が巫女に託宣したことをきっかけに、頼長が呪詛で天皇を殺したと噂が流れたという。頼長は、愛宕山に「天公像」があったことも知らなかったのに呪詛などできるわけがない、と噂を一蹴しているが、この事件をきっかけに鳥羽院（一一〇三～五六）は頼長を遠ざけた。失脚した頼長は鳥羽院の死をきっかけに保元の乱（一一五六）をひきおこす。

後世の歴史家はこの呪詛事件を、関白忠通《ただみち》（頼長の兄、一〇九七～一一六四）による頼長排除のためのデッチアゲとみなすが、頼長による天皇呪詛の噂は『古事談』巻五ノ二二にもあり、ある程度流布した噂だったようだ。そこでは「愛太子給明神」に呪詛したとされる。「アタゴに給《いましたま》ふ明神」と訓ずるようだが「天公」の名は見えない。

通説は、この「天公」を天狗と推定し、久寿年間当時から愛宕は天狗信仰の霊地だったと結論づけている。しかしこの飛行する「天公」を天狗と理解してよいのだろうか。

結論を出す前に、そもそも「天公」とは何だろうか。日本での用例は少ないが、漢籍では「天の公《きみ》」つまり天をつかさどる神をさす一般的な語彙である。天帝、天主とも呼ばれる。九世紀の成立とされる『遍照発《へんじょうほっ》揮《き》性霊集《しょうれいしゅう》』収載の「藤大使、亡児の為の願文」のなかに次のような表現がある（原文漢文）。

碎玉の哀しみ、幾　眼明を損ずる
天公何ぞ忍ばむ、我が鍾愛を奪へることを(10)

藤原葛麻呂が我が子を追悼した願文で、天の神はなぜ幼い我が子を奪うことを我慢してくれなかったか、という親の歎きである。

時代は下るが、ちょっと変わった資料にも「天公」が登場する。江戸時代初期、弾圧されたキリシタンが棄教を表明した文書に「上には天公・てうす・さんたまりやをはじめたてまつり……」と誓うものがあるのだ。同文が全国で発見されており、この場合「天公・てうす（デウス）・さんたまりや（マリア）」は「三位一体」に近い類型表現であろう。

いずれにしても「天公」は天の神である。素直に読めば、『台記』記事の「愛宕護山天公」は、北野天神（菅原道真）とは異なる、在地でまつられていた天の神であった。これは『古事談』の「愛太子に給ふ明神」という表現とも矛盾しない。想像をひろげれば、もともと愛宕山で祀られていたという雷神信仰をひきつぐ神格かもしれない。

では「天公」は天狗ではないのか。実は天狗が「天の神」として理解されていたらしい例もある。平安末期から鎌倉初期に日本で作られた偽経『延命《えんめい》地蔵《じぞう》菩薩《ぼさつ》経《きょう》』には、

是の菩薩を恭敬供養せば、百由旬の内に諸の災患、悪夢、悪相の諸の不吉祥無し。魍魎、鬼神、鳩槃荼等も永く便りを得ず。天狗、土公、大歳神、宮山神、木神、江海神、水神、火神、饉餓神、塚神、蛇神、呪詛神、霊神、路神、竈宅神等、若し此の経、是の菩薩の名を聞かば諸の邪気を吐き、自ら本空を悟つて速かに菩提を証せん。[11]

という一節がある。地蔵菩薩を信仰すれば諸々の悪神も菩提に至るといい、悪神が列挙されるなかに「天狗・土公」がいる。土公神は陰陽道で重視される土を司る神。ここでの「天狗」は、土の神「土公」と対になる「天の神（悪神）」ということになる。

また同じく鎌倉初期成立の『年中行事抄』という書物にも興味深い例がある。[12] 原文は漢文で重複もあってわかりにくいが、現代語訳で示すと以下のようになる。

「月旧記」という書物によれば、かつて天平勝宝五年正月四日に天皇に申しあげた奏上文に、この

日（正月四日）古代中国の黄帝が蚩尤を討伐したとき、はねた首が上がって「天狗」となり、体は伏して「地霊」となった。これをもって、今風俗にこの日亥時に小豆粥を食べ、庭で天狗を祭ることになった。粥の上澄みが凝ったときに取り、東向きに再拝し、ひざまずいて食せば、終年疫病に苦しむことがないという。

「世風記」には、正月十五日亥時に小豆粥を煮る。庭に天狗を祭るためである。粥の上澄みが凝ったときに取り、東向きに再拝し、ひざまずいてこれを食せば、終年疫病に苦しむことがないという。

先行研究では、本文中にあらわれる『月旧記』や『世風記』という書物は、年中行事などの由来を説明するためデッチアゲられた偽書ではないか、といわれている。(13) 正月に小豆粥を食べる習慣は中国に由来するが、疫病封じや天狗祭とは関係がなかった。この由来を説明するため蚩尤と天狗祭の説話が作られたのではないかというのだ。

しかし、この小豆粥の由来説話はそれなりに知られていて、『源氏物語』の注釈書である『河海抄』や、陰陽道の教科書『陰陽雑書』などにも記載された。暦に関する知識（故実）の一つとして継承された説話だったということだ。「地霊」は本によって「虵霊」とも記されるが（虵は蛇の異体字）、地を這う蛇は地霊のイメージに近い。つまりここでも天狗は、地霊に対する天霊として理解されていたとわかる。

もともと漢語の天狗は、「天の犬」や不吉な星をさす語だった。これが天にまつわる魔物と考えられたことは、むしろ当然である。「地霊（虵霊）」と対になる天狗、「土公」と対になる天狗。これらの事例を『台記』記事の「天公」に重ねると、「天を飛行する（悪しき）神霊」という天狗像が浮かんでくる。つまり在地でまつられていた神（雷神？）が、呪詛を引き受ける神という悪意をもって解釈され、天狗と習合した可能性があるのだ。

3　天狗像の原型

飛行する悪霊

天狗像の原型は、「飛行する（悪しき）神霊」という、漠然としたイメージだったようだ。それを具体的にあらわすとすれば、鳥類として描くのがごく自然だったのではなかろうか。特に説話のなかで天狗と結びつけられたのはトビである。

平安時代末期に藤原忠実（一〇七八～一一六二）の言談を集めた『中外抄』上巻に次のような話がある。忠実は関白、太政大臣をつとめた摂関家の当主である。

また忠実公が仰ったことに、「私が東三条殿において真言法を其僧［名は忘れた］に受けたことがある。その僧の傍に僧が四、五人いたのだが、彼らの唇に鳥のくちばしが付いていた。私はこれは天狗だと考え、なぜ東三条殿にこのようなものがいるのか、角明神（春日社の摂社）はいらっしゃらないか、と声をあげたところ、春日社の神主時盛や舎弟の僧経詮らがあらわれ、その法師どもは逃げ去っていった」という。[14]

前後の話から言談の時期は康治元年（一一四二）、忠実六十五歳のとき。忠実が自らの住む屋敷で真言の法を受けようとしたところ、実はその僧は天狗であり、氏神である春日社の神主たちの助けで難を逃れた、という。角明神は角振明神ともいい、春日社の摂社、藤原氏を守護するため屋敷内にも祀られていたようである。

つまり僧の「くちばし（鳥啄）」から正体を見破った忠実の眼力と春日社の霊験を語る説話だが、展開がかなり急で、信じがたい。そのため、のちにこの説話を描いた『春日権現験記絵』では、これを忠実の夢の内容と理解している。

忠実という人物はほかにもいろいろと「見える」人だったようで、『中外抄』には他にも怪しげな説話がある。下巻五十二話も天狗を「見た」話題である。

ある夜話のついでに、鳥羽法皇が深く帰依していた真言宗の僧、覚鑁《かくばん》について話が及んだ。忠実によれば「私が藤原清隆卿の屋敷にいたとき、彼を召して上座に座らせて会ったことがある。心を静めてよく見ると、トビの尾羽を挿しているように見えたので、そういう奴だ、と思ってその後は召し出さないと決めた。はたして事件により高野を追放されてしまった」という。

法皇が帰依していた覚鑁も天狗のようなものだと見抜き、その失脚をうすうす予見していたとほのめかしているわけだ。

覚鑁（一〇九五～一一四三）は肥前（佐賀県）の生まれ。法相、天台の秘訣に通じ、宮中の信頼もあつく、高野山金剛峯寺の座主もつとめた学識豊かな僧だったが、高野山内部の抗争で紀州根来寺に遷り、新たに一派（新義真言宗）を立てた。忠実のいう事件とは、保延二年（一一三六）に金剛峯寺座主を罷免、六年には山僧たちに襲撃されたことなどをさしている。

実は忠実がこの説話を語ったのは仁平四年（一一五四）三月十四日とされ、覚鑁は十年以上前の康治二年に紀州で没している。仁平四年三月に鳥羽院主導による堀河天皇追悼行事が近づいていた（二十一日から予定）ため話が及んだようだが、それにしてもすでに失脚し、亡くなった人物について、「事件の前から天狗のようだと思っていた」という評はいささか酷で、後出しという気がする。

とはいえ少なくともこれらの説話から、天狗が仏道修行をさまげたる存在であり、鳥類としてイメージされていたことは了解されよう。

これよりはやく『今昔物語集』巻二十第十一話では、トビ姿の天狗とヘビに化けた龍の闘いを活写する。

今は昔、讃岐の万能池に棲む龍が小蛇の姿で休んでいたところ、トビに化けた比良山の天狗にさらわれてしまった。龍は同じくさらわれた比叡山の僧が手にしていた水瓶から一滴の水をさずかって力を取り戻し、僧を助けて仇を報じる。勧進僧に化けていた天狗を見つけて蹴殺すと、天狗は翼の折れた屎鵄《くそとび》になり、大路で人々に踏みつけられてしまったという。

龍は仏法の守護神であり、天狗は仏法をさまたげる魔である。同時に、ここには空を飛ぶトビ＝天狗が、毒蛇を食べるというヒンドゥー教の巨鳥ガルーダ（迦楼羅天）とも重ねられ、下界のヘビ（龍）とは二重、三重に対関係になる。

ヒンドゥー教で創造主ヴィシュヌを背中に乗せた巨鳥ガルーダは、一般的にはワシでイメージされ、インドネシアの航空会社の名前にもなっているが、餌として大海の龍（ナーガ）を好むといわれ、毒蛇の天敵という。ガルーダは仏教では八部衆のひとつ迦楼羅天として鳥頭の武人姿で造形される。これが、いわゆる鳥類型天狗にそっくりで、天狗のルーツともいわれる。つまり、下界の龍（ヘビ）と、天界の鷲（ガルーダ→トビ→天狗）との対立は、ひろくアジアで共有された神話的イメージとも重なる。『年中行事抄』記載の天狗説話では、黄帝に倒された蚩尤の首が「天狗」となり、体が「地霊」あるいは「蚍霊」となったという。ここにも神話的なイメージが影響していたのかもしれない。

憑依するモノ

ここで天狗の「飛行する悪霊」の典型例として、よく知られた説話を検討してみよう。平安時代末期に書かれた歴史物語『大鏡』の、三条天皇（九七六〜一〇一七）の話である。

三条院が眼病をわずらっていたころ、金液丹という薬を服用していたため「その薬が原因ではないか」などと噂もあった。桓算《かんさん》供奉がもののけとなってあらわれて言うには「私が天皇の首に乗って左右の羽を羽ばたくために、少しご覧になられることがあるのだ」という。位を退かれたのも比叡山で祈祷されるためだったというが、効果はなく口惜しいことだった。だから、いよいよ山（比叡山）の天狗のしわざだったか、と人々は噂した。三条院は太秦の広隆寺におこもりになった。ここでは三条院に取り憑いたモノが比叡山の僧、桓算の霊で、天狗となって天皇に取り憑き、羽で眼を覆っていたという。悪霊を鳥として認識していたことがわかる。

桓算は『平家物語』や『十訓抄』にも代表的な悪霊として名があり、桓筭、観算、観山などとも書くが、『無名抄』という歌学書によれば、六月二十六日を桓算日といい、桓算の怨念のため暑くなるといわれた。生前は醍醐天皇に仕え、内供奉という宮中の宿直を勤める役にあったとされるが、しかし信頼すべき記録は残っていない。生前の事績より死後の怨念ばかり有名であるため、架空の人物ではないかとも考えられる。

同時代資料をみると『小右記』長和四年（一〇一五）五月七日条に、三条院の眼病は比叡山僧賀静《がじょう》と藤原元方《もとかた》の霊の仕業だという噂があったと書かれている。女房に取り憑いた賀静霊は、桓算と同じように翼で三条院の目を覆っていると称し、僧位の追贈と丁重な供養を求めたという。賀静は比叡山の高僧だが、山内の人事に不満をもって没したとされ、このときの追贈も天台座主の反対があって難航した。そこで同月二十二日には再び賀静霊が、座主はあきらめるが僧正に任じ、阿弥陀護摩懺法で供養してほしいと訴えたという。

もちろん、三条院を悩ますモノノケ（漢文体では「邪気」とも記される）の正体を「賀静霊」と判断したのは、祈祷にあたった僧たちである。没後の復権を意図する勢力があったと考えるのが自然だろう。この賀静霊に関する騒動が転じて怨霊「桓算」を生んだとすれば、『大鏡』の「比叡山の天狗のしわざ」（原文＝いとど山の天狗のしわざなりとぞ）も、天皇が巻き込まれて退位に追い込まれる時代を皮肉ったものかもしれない。

さらに、康和年間（一〇九九〜一一〇四）に成立した大江匡房《おおえのまさふさ》の著作『続本朝往生伝』のうち遍照伝に挿入される天狗説話にも、憑きモノとしての天狗と仏教者との対立を見ることができる。この話は天狗が人に取り憑いて自ら語ったものという。

天狗が人に憑いて言うに、貞観のころ北山に住し有験の僧を知ろうと考えて小僧に姿を変えて木下に立った。一人の木こりに会い、トビに変じて袋に入り、その袋を右大臣の家の中門で開いてもらって、屋敷に侵入した。たちまち寝所に入り、足で右大臣の胸を踏んだので急病になった。治病を祈るため花山僧正こと遍照が呼ばれた。遍照は多くの護法（高僧を守護する護法童子）を連れてあらわれ、数日間の修法を行なったので、私（天狗）は力を失って身を隠した。厠の側で蘇生し、六年も留め置かれたが脱出した。いつか遍照を悩ましてやろうと叡山に入りこんで隙をうかがったが、果たせず、臨終のときも護法に護られていて敵わなかった。[15]

天狗は当代の高僧を知るためトビに変じて右大臣の屋敷内に侵入し、病を引きおこす。とばっちりをくった右大臣が、トビの姿をした天狗に胸をふまれて苦しむというのは、病に対する当時のイメージが具体的に語られていて興味深い。

天狗の目的は右大臣ではなく、高僧であり、仏法だという。この天狗はあっけなく遍照に撃退され、今度は復讐のため叡山に向かうが、結局敵わない。もちろんここには、仏教説話として僧侶の験力をアピールする狙いがある。

建保七年（一二一九）成立とされる『続古事談』巻五第十二話では、藤原貞嗣《さだつぐ》が寺参りの途中、有名な相人（人相見）の洞照《とうしょう》に行き会って急病を予見されたとたんに倒れ、自宅に運ばれるとモノノケが「我らが遊ぶ前を通ったので胸を踏んでやったのだ」と語ったという。[16]この場合、天狗の活動を見抜いたとされる能力者は洞照だが、モノノケによる自白は仏教者（験者）による修法がおこなわれた結果だろう。仏教者は、往生をさまたげる魔（天狗）への注意を語る一方で、貴族を悩ませる憑きモノの正体を見抜き、修法で撃退する験者として存在感を示した。天狗説話の定着する背景に、仏教側のPRがあった面を忘れてはいけない。

4 変化する天狗像

天狗説話を多くおさめる仏教説話集としては、平安時代末期、院政期に成立した『今昔物語集』が有名である。ここでは巻二十の冒頭から天狗説話が十二話もまとめられている。よく知られた話が多いが、第一級の天狗説話群として丁寧に分析していこう。

巻二十第一話「天竺の天狗、海水の音を聞きこの朝に渡ること」は、天竺の天狗が海水から「諸行無常　是生滅法」という涅槃経の偈が鳴るのを聞いて不審に思い、その源を尋ねて海を渡るという説話である。天狗は博多から淀川、宇治川をさかのぼって比叡山に至り、ついにその水が学僧たちの厠から流れており、諸天神さえ守護しているということを知って貴さにうたれる。そして発願して宇多天皇の孫に転生し、のち比叡山で学んで「大豆の僧正」と呼ばれた明救《みょうぐ》になったという。

明救（九四五～一〇二〇）は正しくは醍醐天皇の孫、宇多天皇の曾孫にあたる。奇妙なあだ名の由来について、長門本『平家物語』によれば、悪霊になったといわれる真済の生まれ変わりで大豆しか食べなかったため「鳩の禅師」と呼ばれたという。また良源《りょうげん》（九一二～八五）にも宙に投げた煎大豆を箸でつまんで受けてみせたという曲芸じみた逸話があり（『古事談』第三、第二〇話）、豆と天狗の縁も深いらしい。

続く第二話では、その良源が、日本に渡ってきた中国の天狗を撃退したと語られる。少し長いが、梗概を紹介したい。

震旦（中国）の天狗、智羅永寿《ちらようじゅ》が日本にやって来た。震旦では「悪行の僧」たち（天狗から見ての悪僧、つまり徳の高い高僧）を意のままにしてきたので、日本の僧を相手にしようと日本の天狗を訪ねて来たのだ。日本の天狗はさっそく比叡山へ智羅永寿を案内し「自分は隠れて見ているので、あなたは老法師に化けて待ち伏せなさい」と言う。

ちょうど京へ上るため余慶《よけい》律師という僧が下山してきた。智羅永寿が見ると、輿の上に乗る律師は火界呪を唱え、炎に包まれて近づくこともできない。日本の天狗は、口ほどにもなく怖じ気づいた智羅永寿を叱咤し、次の機会を待った。

続いて飯室の権僧正（深禅《じんぜん》）が下山してきたのを見ると、輿の前を縮れ髪の童子が先導している。不動明王に仕える童子が守護していたのである。童子は智羅永寿を見つけてたちまち打ちすえてしまった。深禅が通り過ぎたあと、日本の天狗は智羅永寿に「このまま帰っては面目ないだろう」と言い聞かせ、再び身を隠して様子を見ていた。

しばらくすると横川の慈恵大僧正（良源）一行が山を登ってきた。二、三十人ほど童子姿の護衛もいる。これを見守っていると、童子の一人が「怪しげな老法師がいる、逃がすな」と智羅永寿を捕らえ、打ち踏み、痛めつけた。泣いて命乞いをし、ようやく助かった智羅永寿が、近づいてきた日本の天狗に恨み言をいうと「小国と侮るからだ」と諭された。天狗たちは北山の鵜の原という所の湯で腰を癒やすことになった。

そのころ、京の樵夫が北山へ入ったところ、怪しげな老法師がふたり、鵜の原で湯を使っていたことがあった。ひどい臭いがして、樵夫は恐ろしくなって帰った。

のちに天狗が人に取り憑いてこの物語を語った時、樵夫はこのときのことかと思った、と語り伝えている。

仏教の誕生国、天竺や、仏教先進国である震旦（中国）の天狗たちが、ことごとく本朝（日本）仏法の霊威に従っていく。また第一話の厠の水、第二話の湯屋の悪臭など、天狗は不浄、悪臭と関連づけられ、仏、聖人が芳香を漂わせている設定と対比されている。

この構図は、天竺・震旦・本朝の三国の説話を集成した『今昔物語集』という説話集の基本コンセプトに合致している。すなわち、当時最大の文明国だった震旦（中国）に対して、仏教の生まれた天竺（インド）を配して相対化し、歴史的にも国力も後れを取る日本を、逆に神仏の守護する国として同格に位置づけようとする試みである。[17]

そのため朝鮮半島など周辺仏教国の存在は捨象され、日本仏教の霊験がくり返し確かめられた。当時の人々からすれば文明国としての誇りを示したつもりだろう。『今昔物語集』の天狗説話は、こうした世界観に関わる意味づけを求められていたのだ。

天狗と仏法

かつて森正人氏は『今昔物語集』の天狗説話を詳細に分析し、反仏教的な性格とともに反中央的な性質を見いだした[18]。巻二十第四話「天狗を祭る僧、内裏に参内し現れて追われること」はそうした性質がよくあらわれた説話である。

今は昔、円融天皇が病となり数々の祈祷も効果がなかったため、東大寺の南、高山（香山）で修行する「聖人」が召された。都に来る途中、空から花が降り、人々はみな貴んだが、宇治から北では花の降ることはなかった。聖人の祈祷により天皇は快癒した。都では天台、真言の高僧たちが自分たちの修法に効果のなかったことを怪しみ、加持のついでに「法師」のいる所に向かって祈祷した。するとの音や犬の糞のようなにおいがし、いよいよ祈るとこの「法師」が帳《とばり》の外に投げ出されてきた。

法師は泣きながら「実は自分は天狗を祭る法師で、人に貴ばれようとしたが見抜かれてしまった」と告白し、命乞いをした。法師は都から追われ、世の人々は確かな加持を行なった高僧を褒め称えた。かの高山には天狗を祭った跡が今に残るという。

この説話は『日本紀略』康保四年三月二十八日条に記される「大和国高山寺聖人」、あるいは『扶桑略記』康保五年戊辰条に記される「香山聖人」が、冷泉天皇の東宮時代に病気平癒の祈祷をした記事に関連するといわれる。おそらく春日山山腹にあった香山堂という薬師信仰の霊場で修行した宗教者だったと思われる。

天皇の名前、年代、寺の名称など固有名詞が錯綜しているが、『扶桑略記』記事によれば聖人は効験のないまま、夜陰ひそかに逃走したという。説話のような派手な活劇はなかったにせよ、怪しげな宗教者が権力に取り入ろうとした事例ではあったのだろう。(19)

興味深いことに、この説話で「聖人」が使われるのは冒頭一回だけで、その後「法師」「高山ノ僧」と呼ばれる。都に近づくにつれ散花のような奇跡がやみ、最後には正統な仏法ではなく「天狗」を祭る「法師」とさげすまれ都から追われる。つまり『今昔物語集』は、天皇家に接近しようとする異端の行者を「天狗ヲ祭ル」法師と規定し、天台・真言という正統な仏法が「天狗」を排斥した説話として構成しているのだ。

そうした視点であれば円融天皇の名が選択されたことも納得がいく。冷泉天皇は病弱で奇行が多く、即位後間もなく退位したが、代わって即位した円融天皇は藤原摂関家内部の勢力争いに翻弄されながらも十五年間の在位を全うした。第四話は、聖代における「天狗」撃退説話なのである。

続く第五話には、珍しく女の天狗らしきものも登場する。

今は昔、仁和寺の成典僧正という藤原氏出身の僧がいた。そのころ仁和寺の東南の隅に円堂という堂があり、天狗が出るという噂だった。ここで一人修行していると、堂の戸が開きひとりの尼があらわれた。その尼が僧衣を入れた箱を奪って逃げたので、追いかけると尼はケヤキの木の上にのぼった。僧正が加持をすると尼は耐えきれず地面に落ちた。これが尼天狗である、という。

ここでも『今昔物語集』は、公に仕える仏教者（官僧）が尼天狗を斥けた勝利を語る。尼天狗という言葉は用例が少なく、この説話の場合はたまたま尼に化けたか、取り憑いただけで天狗の性別は関係がないのかもしれないが、のちには女の天狗を尼天狗と呼ぶ例もある。

『今昔物語集』において天狗を打ち破ることは、国を護る仏教者の存在意義を語ることであり、日本仏教の権威を証明する重要なメッセージであった。

流星と猛禽

仏教者が仏敵として「天狗」を位置づけ、積極的に語ったことをみてきた。では仏教者たちの「天狗」イメージはどのように作られ、日本に受け入れられたのだろうか。

仏教学者の中村元は、『正法念処経』という経典で、サンスクリットの原語では「憂楼迦 ulka」とされる語が「天狗」と漢訳されたことに注意している。これは天から落ちてくる災厄で、流星などをさすため中国で「天狗」と訳されたのだが、猛禽や梟をあらわす「uluka」と混同されて天狗像につながったのだろうという[20]。

興味深い説で、案外、天狗が鳥類でイメージされるきっかけはこんなところだったのかも知れない。しかし漢籍、サンスクリット、和語にまたがる高度な翻訳作業のなかで生まれた誤解で、影響力に疑問がある。中国でも誤訳は広まっていない。鳥類型天狗が日本で定着した理由には、もうすこし、間を埋めるピースが足りないようである。

一方、美術史家の杉原たく哉は、初期の天狗説話にみられる特徴を単純化すれば「天空から突然降りかかり、強烈な音をともない、騒乱をもたらす」という「空からの怪異」であり、「流星現象の展開形」と整理できるという。[21]また、鳥類型天狗の源流として鳥頭人身で描かれる中国の雷公像からの影響にも言及する。たしかにこの図式でいえば、トビも雷神も、すべて流星のバリエーションにまとめられるが、少々大胆すぎるのではないか。

なにより日本における流星イメージの希薄さは気になるところだ。そういえば「天狗」の初例である『日本書紀』舒明天皇九年記事には、「アマツキツネ」という古訓がある。古訓とは古い漢文である『日本書紀』本文を、平安時代の学者が読むために付した読みである。平安時代の学者たちは、「天狗」も「アマツキツネ」＝「天狐」も、飛行する悪霊をさす語彙と考えていたようだ。

この「アマツキツネ」という言葉も不思議である。『続日本後紀』承和元年（八三四）の記事では、夕暮れ時に内裏の上空をカモメ（原文：鴨女）らしき海鳥の大群が鳴きながら飛びすぎて行ったのを不吉とし、「或は言はく、海鳥に非ず、天狐なりと」と噂したという。夜間に鳴きながら群れて飛ぶ様子が不吉とされ、海鳥ではなく「天狐」ではないか、と噂したのである。狐という表現から四つ足の動物をイメージしたように見えるが、そうとは限らない。「天狗」と同じように飛行する悪霊だったのだ。

もともと日本に限らず、霊魂を鳥であらわす文化は普遍的にある。浮遊する魂は、飛行する鳥のイメージにふさわしい。そこへおそらく中国由来の「狐憑き」という考えも広まり、人に取り憑く悪霊が「狐」とも「鳥類」ともイメージされ、「天狗」あるいは「天狐」という外来の名称であらわされるようになったのではないか。そして漢籍、仏典の知識を部分的に加味しながら定着してしまった。

そもそも天狗像の定着は、名称（天狗）、内容（飛行する悪霊）、図像（鳥類）という、本来バラバラなものが結びついた結果だったのだ。

トビかキツネか

平安時代末期から鎌倉時代にかけて流行した呪法のひとつ、六字経法という密教修法がある。ここに災いをなす三類形（三鬼）として「天狐」「地狐」「人鬼」の姿が描かれている。天狐はトビ形の猛禽類、地狐はキツネの姿、人鬼が人の姿で図示される。この図を護摩で焚いて災いを除くという。この「天狐」図像は、トビの形象がひろく受け入れられていたことを意味している。絵巻でも天狗は、トビの顔と翼をもつ鳥頭人身の形で描かれており、トビを擬人化した姿なのである。

『諸尊要抄』四 大正新修大蔵経 図像

なぜ「飛行する悪霊」天狗をあらわす図像として、トビが選ばれ、またキツネとセットにされたのだろうか。憑きものとしての共通点をふまえても、トビやキツネが結びつけられた積極的理由を見出すのは難しい。中村説や杉原説にしても、天狗と鳥類とが結びついた説明にはなっても、特にトビが選ばれた理由を説明できていない。

まず、生物としてのトビの性質を確認しよう。猛禽類であるワシ、タカ類のうち、一般的にワシが一番大きく、トビ、タカは小柄なものをさす。トビは沖縄を除く全国の漁港、河川、湖沼など水辺のある環境で棲息、採餌する。「掃除屋」の異名があるとおり主に鳥獣、魚の屍肉を食べ、ワシ、タカよりも市街地で目にする機会が多い。[22]

現代でも京都では鴨川沿いの土手などで手にした弁当やパンを襲われる被害があり、「トビに注意!」の看板を目にする。まさにことわざ「トビに油揚げをさらわれる」のとおりだ。もっとも身近な猛禽で、空から襲ってくる悪霊にふさわしいといえるだろう。

一方、仏典でも「鵄」は、虎狼や狐(野干)とともに地獄や墓場で屍肉をついばみ、人を襲う凶鳥としてあらわれる。ガルーダのような雄大さはない。キツネとセットで語られるのも、なにより死にまつわるイメージが重なったためではないか。

平安京でも、度重なる飢饉や水害のため、行き倒れた死体が鳥や獣に食べられることが常態化していた。[23] そうした実態を反映しているのか、国宝、聖衆来迎寺本『六道絵』や類似の地獄絵には、野犬やカラスとともに死体をねらうトビの姿が描かれている。平安京の人々にとってトビは、死にまつわる不吉なイメージの凶鳥であった。

貴族日記をめくっても、トビ(鵄、鳶)が屋内に入ってきて小動物の死体を落としたとか、天井に巣を作っていたので陰陽師を呼んだとか、およそめでたいものとは考えられていない。日本神話では「鵄」は神武天皇を守護する「金鵄」としてあらわれるが、平安京という都市空間のなかで、トビのイメージは変化したと考えてよい。

それは野犬、狐とならんで屍肉をついばむ不吉な凶鳥であり、空から急に襲い掛かってくる恐ろしい猛禽のイメージである。こうしたトビのイメージが、「飛行する悪霊」の具体的形象として天狗、天狐とむすびつき、定着したと考えられる。

5 天狗の鼻が高いワケ

鼻高天狗の起源

いま知られている鼻高の天狗像は、室町時代後期から江戸時代初期にかけてひろまったものである。しかし、そもそもなぜ天狗の鼻は高くなったのか。これまで通り過ぎてきたが、実はこの素朴な疑問にも、いまだ定説がない。

杉原たく哉は、鳥類型天狗の図像イメージは中国画の雷公像や有翼の鬼神像の影響下に生まれたという。(24) たしかに中国では雷公がくちばし、翼を生やした姿で描かれており、日本の天狗像によく似ている。画家が鳥類型天狗を描くとき、中国画の雷公や有翼鬼神像を模倣して描いた可能性は高い。さらに杉原説がユニークなのは、その考えを進めて、鼻高の天狗像は鳥類から天狗へ、鳥類型天狗から人間への変身過程をあらわしたものではなかったかと述べている点である。

しかし結論的にいうと私は杉原説を積極的に支持しない。伽楼羅天の例でもわかるとおり鳥類を擬人化した鳥頭人身像は普遍的なもので、特定の図像に限定できない。まず天狗が鳥類、特にトビの姿という前提が先行すると考えるべきだろう。これが第一点である。

次にトビと天狗との関係を前提とすれば、鼻が強調される造型は不自然ではない。いまでも鷲鼻といえば猛禽類のくちばしのような鼻をたとえていうように、くちばしを鼻に見立てることは特別な発想ではないからだ。中世にも「鴫鼻《しぎばな》」という言葉があった。

天狗とは関係ないが、「鼻高」という言葉は平安時代にも登場する。(25) 文字どおり鼻の高いことをさす用例のほかに、注目すべきは『狭衣物語』巻一に、高貴な女君の形容として「鼻高に際々しき方にやあらん」という表現があることだ。

実際に鼻が際立って高く目立つ、という解釈もあるが、「気取った、高慢な様子の方ですね」という人物評と考えてもよいと思う。続いて「白玉の瑕までは見えざりしかど、鼻高とは言ひあてたまへり（欠点までは見なかったが、鼻高とはよく言ったものだ）」という表現があることからも、比喩的な言い回しだったと考えられる。こうした言葉との連想も、高慢や我執が強いという天狗のイメージに結びつきやすかったのだろう。

では鼻高の天狗像はどこからきたのか。まず検討したいのは、能の天狗像である。現行の能では大癋《べし》見《み》とよばれる、鼻の大きな鬼神面をほぼ天狗専門に宛てている。この大癋見について、能楽書『申楽談義』では、次のように語られる。

大癋見をば、他国よりは大和癋見と云。此面也。大癋見、天神の面、もっぱら観阿よりの重代の面也。[26]

大癋見こそは他国から「大和癋見」と呼ばれるほど大和猿楽を代表する面であり、「天神の面」と並んで、世阿弥の父、観阿弥の代から重視されていた、というのだ。

現在、世阿弥時代と確定できる作品のなかに大癋見を使う曲は伝わっていない。そのため天野文雄氏は、現在伝わっていない天狗能が存在し、そこで大癋見が使われていたのではないかと推測する。[27] あくまで想像でしかないが、たとえば『第六天』のような仏法に対立する魔王の役柄で古くから「大癋見」面が使われた可能性はある。

参考になるのは、平安時代末期の今様を集めた『梁塵秘抄』の次のような歌だ。

天魔が八幡《やわた》に申すこと、頭の髪こそ前世の報にて生ひざらめ、そは生ひずとも、
絹蓋《きぬがさ》・長幣《ながぬさ》なども奉らん、呪師の松犬とたぐひせよ、し成いたまへ

訳すとすれば「天魔が八幡菩薩に申すには、頭髪が生えないのは前世の報いで仕方ない、髪は生えなくても絹蓋（衣笠）や長幣を差し上げます、呪師の松犬といいことしなさい、さあどうぞ」とでもなるだろうか。[28]「長幣」を大幣とすれば、神事で祓えに使う、白い紙垂や麻布を垂らしたもの。「たぐひせよ」は「ただ秘せよ」の誤写という説と、松犬を寺社に仕える男性芸能者として、「類せよ」で男色と解釈す

る説がある。
解釈が分かれるので難しいが、ともかく僧形の八幡菩薩に対して、布の笠や大幣で頭を隠し、呪師と呼ばれる芸能者の松犬との乱行をそそのかす内容らしく、下がかった、猥雑な寸劇《コント》風の歌謡と理解されている。時代は随分離れているが、寺社内外の芸能でこうした天魔による修行者の誘惑という題材が親しまれていたとすれば、観阿弥・世阿弥の時代にも天魔の登場する劇で大癋見面が利用された可能性は高い。それなら「鞍馬天狗」の大癋見面も天狗というより「魔王」としての扱いだったと考えられる。

室町時代の能面「大癋見」
（東京国立博物館 蔵）
出典 :ColBase
（https://colbase.nich.go.jp/）

つまり「飛行する悪霊」天狗がトビのような猛禽類でイメージされ、トビの擬人化として「鳥頭人身」図像が成立、一方、能で魔王をあらわす大癋見面の「大きな鼻」がくちばしを想起させ、鼻高の造形に近づいたというのがおおよその流れではないだろうか。

先導する鼻高

ところが、もうひとつ重要な要素《ファクター》がある。各地の民俗芸能で祭礼行列を先導し、勇壮な舞を披露する、天狗そっくりな鼻高、赤ら顔の異人たちである。福井県若狭地方を中心につたわる「王の舞」が有名だが、日本各地に存在し、「鼻高」「王の鼻」あるいはそのまま「天狗さん」などと呼ばれている。

祭礼行列を先導する異形は、天孫降臨にあたり道案内を務めたという記紀神話の神、猿田彦をかたどったともいわれる。この神は眼光きらめき、背丈は七尺、鼻の長さ七咫という偉相の持ち主で、道祖神とも同一視される。咫は親指と人差し指（一説に中指）を広げた長さで約一八センチというから、七咫は一二六センチ。まさに「鼻高」である。

ところで日本史教科書でもおなじみの正倉院所蔵伎楽面のひとつ、治道《ちどう》も、際立って高い鼻が特徴的で、楽隊や獅子など行列を先導し、道をおさめる役回りである。胡人（ペルシャ人）を模したという鼻高面を「異形」と呼ぶことははばかられるが、日本人にない特徴をデフォルメした造形は滑稽でもあり、畏怖心をもたらす。猿田彦神の巨大な鼻と天狗面、さらに正倉院に収蔵される伎楽面との類似は、江戸時代から指摘されている。鼻高面と芸能との関係は、一筋縄ではいかないほど密接である。

歴史学者の柴田実は、神話における猿田彦の風貌描写がきわめて具体的である点に注目し、かなり古い時代から神の降臨を出迎える儀礼に鼻高面をつけた猿田彦が登場していたと推測する。[29]これに対し「王の舞」研究を進化させた橋本裕之氏は柴田説を修正し、すでに成立していた「王の舞」の鼻高面が、中世の神話注釈のなかで「猿田彦の面」と再解釈されたのだろうと述べる。[30]

橋本氏が根拠にあげるのは、室町期屈指の学者であった一条兼良（一四〇二〜八一）による『日本書紀纂疏』、つまり日本書紀注釈書の記述である。要約して示す。

天書に曰く、猿田彦は長鼻七咫。曲背七尋。眼径八尺（一二メートル以上）。瞳の赤いことは酢の如し、面、尻、並びに赤し。……いま世間で諸神祭礼に赤面長鼻の像を蒙《かぶ》り、名付けて王舞という。これは神の代からの遺風である。

兼良は祭礼で「赤面長鼻」の面をかぶる王の舞は、まさに猿田彦の遺風であるという。しかし橋本氏は、治道面から続く鼻高面が中世において何者かわからなくなったからこそ猿田彦という由緒が求められたのだ、と逆転の解釈をする。おそらくその通りだろう。同様に、神話解釈と関わらない層は、鼻高面を天狗と解釈したのである。

本書の序章で「天狗＝外国人説」を否定したが、こんなところで天狗面がペルシャ人（胡人）につながってしまった。もちろんこれは天狗の正体をペルシャ人とするような単純な話ではない。鼻高の天狗像は、胡人面の成立した奈良時代とは八百年近い開きがあり、直接的には能の大癋見面や、トビを意識した造形との習合の結果だろう。しかし「鼻高の異形」に対する畏怖が、遠く時代をへだてて天狗とペルシャ人とを結びつけたのだった。

カラス天狗の登場

トビを擬人化した姿、能で使われた「大癋見」面の大きな鼻、そして祭礼で使われる鼻高の異形面。さまざまなイメージが習合し、鼻高天狗の権威も向上した。本章の最後に、鼻高天狗に仕えるカラス天狗についても述べておこう。

表現として「烏天狗」の用例は意外に新しく、明治時代である。仮名垣魯文《かながきろぶん》の『西洋道中膝栗毛』（明治九年、一八七六）に何度か登場し、「觜尖りて画ける烏天狗の如し」とか、大蛸に襲われる場面で「口ばしは烏天狗の如く、色黒赤く」と蛸の描写にも使っている。それ以前の用例を捜索中だが、見いだせていない。

もともと謡曲などで鼻高の大天狗に奉仕する下位の鳥類天狗は「木の葉天狗」と呼ばれており、江戸時代にもこの表現がよく使われる。よく知られた立川文庫シリーズの一冊『吉岡流達人吉岡兼房』（大正三年、一九一四）には「貴様等は木ツ葉天狗か烏天狗か」という表現があり、同じように使われたことがわかる。

幕末の浮世絵や絵馬に描かれた天狗を見ると、トビというよりカラスに近い風貌の天狗が描かれている。猛禽のトビはクチバシが丸く尖っているが、カラスは太い。おそらく江戸時代後期には「カラス天狗」のイメージが固まっていたようだ。

古代、中世ではもっぱらトビと結びつけられていたはずの天狗が、いつの間にカラスに変化したのだろうか。考えるヒントは、先にふれたトビやカラスの生態にある。どちらも生息域が都市に近く、地獄絵などには死体を狙う野鳥として一緒に描かれていた。

近世初期に出版された『俳諧類船集《はいかいるいせんしゅう》』は、俳諧で句を付け合わせるときに連想される語彙を集めた手引き書である。たとえば「山」を引けば「朝霧　夕霞　でる月　入日　花　紅葉　松　時雨」というように連想される語彙を並べている。「天神」であれば「松　梅　北野　連歌」といった具合で「道明寺」

には、

河州の道明寺は天神の御在所と也。

と解説もある。この本で「天狗」を調べると、

たのもし　投算《ナゲサン》　茸　鵄《とび》　能　杉村　飆《ツヂカゼ》　六本杉　猪《ヰノシシ》　矢の根　仏法　小僧　兵法　あたご
彦山　大峰　かつらぎ　高雄の峰　鞍馬《クラマ》　焼亡　田楽

とある。「頼母子《たのもし》」はばくちの一種、「投算」は占いで、天狗がデタラメの代名詞だったからの連想だ。「茸」は天狗茸、「杉村」は杉木立のこと。「飆」「焼亡」「田楽」は『太平記』を代表とするイメージ、「猪」は愛宕権現の騎乗する猪、「小僧」「兵法」は『鞍馬天狗』に由来する。山の名も謡曲に関わるものが多い。

これをふまえて「鳶」の項目をみると

辻風　鼠　鴉　淵の魚　焼亡　日和　鷹　大会　屋の棟　寝殿に縄をはる　市　天水壺　屠所　天狗　あたご

とあって、やはり『太平記』など古典的天狗説話に関わる語彙が多い。「大会《だいえ》」は天狗の登場する能の名

前、「寝殿に縄をはる」は『徒然草』第十段のエピソードに由来するトビ除けのこと。ここに「鴉《からす》」が挙がるのは、「鼠」「淵の魚」を狙う同業者ということだろう、「屠所」も肉片を狙ってトビやカラスが集まりそうな場所である。同書でほかに「天狗」と結びつけられるのは「はね」「団扇」「葛城」「畜生」などである。

一方の「鴉」を調べると、「杉村」「死骸」など関わりそうな語彙はあるが「天狗」はなく、「熊野」「牛王」など熊野の八咫烏信仰にまつわる語彙が目立つ。このようにカラスと天狗は結びついていなかったが、トビとカラスは近しい存在とみなされていた。カラス天狗の名は、こうした認識のもとに成立したようだ。

ここまでの考察で、中国からやってきた「天狗」という語彙が「飛行する悪霊」として定着し、鳥類としてイメージされたこと、やがて鳥類型天狗から鼻高天狗へ、さらに鼻高天狗とカラス天狗という現在もっとも親しまれるタイプの図像が成立していくまでの変遷を、おおまかに明らかにできたと思う。仏教者たちによって撃退される「飛行する悪霊」のひとつだった天狗は、まわりまわって渡来人を思わせる鼻高の異形面を手に入れた。こうした変化は中世という動乱の時代に育まれた変化であった。

〈注〉

(1)角川源義「『義経記』の成立」『民俗文学講座Ⅴ　中世文芸と民俗』弘文堂、一九六〇年。
(2)徳田和夫『お伽草子研究』三弥井書店、一九八八年。

（3）前掲、柳田國男「天狗の話」。
（4）「鞍馬天狗」『新編日本古典文学全集 謡曲集（2）』小学館、一九九八年。
（5）詳しくは小峯和明『説話の森　天狗からイソップまで』岩波現代文庫、田中貴子『〈悪女伝説〉の秘密』角川文庫、また拙稿「『今昔物語集』における「鬼」と「天狗」―巻二十第七話を中心に―」『同志社大学国文学』七〇、二〇〇九年などを参照。
（6）愛宕山の信仰については、近藤謙「アタゴの神の変貌」『平成二三年度特別展愛宕山をめぐる神と仏』佛教大学宗教文化ミュージアム、二〇一一年四月などを参照。
（7）小峯和明校注『新日本古典文学大系　今昔物語集四』岩波書店。
（8）五来重「宗教歳時記」『五来重著作集八　宗教歳時史』法蔵館、二〇〇九年。
（9）『増補史料大成台記二』臨川書店、一九六五年。
（10）「性霊集」『日本古典文学大系 三教指帰、性霊集』岩波書店、一九六五年。
（11）『仏説延命地蔵菩薩経』承応三年刊本、国文学研究資料館所蔵。
（12）山根対助「天狗像前史―今昔物語集へ―」『和漢比較文学叢書八　和漢比較文学研究の諸問題』汲古書院、一九八八年。
（13）林眞木雄「『本朝月令』所引の月舊記について」『國學院雜誌』九九・一、一九九八年一月、清水潔『神道資料叢刊八　新校　本朝月令』皇學館大學神道研究所、二〇〇二年。
（14）「中外抄」『日本古典文学大系 江談抄・中外抄・富家語』岩波書店、一九九七年。
（15）「続本朝往生伝」『日本思想大系七　往生伝・法華験記』岩波書店、一九七四年。
（16）『続古事談注解』和泉書院、一九九四年。
（17）前田雅之『今昔物語集の世界構想』笠間書院、一九九二年。
（18）森正人「天狗と仏法」『今昔物語集の生成』和泉書院、一九八六年。

(19)拙稿「『今昔物語集』巻二十第四話考―天狗と天皇に関して―」『説話・伝承学』一八、二〇一〇年三月。
(20)『縮刷版 広説仏教語大辞典』東京書籍、二〇一〇年。
(21)杉原たく哉『天狗はどこから来たか』大修館書店、二〇〇七年。
(22)盛岡照明、叶内拓哉ほか『図説日本のワシタカ類』文一出版、一九九五年。
(23)西山良平『都市平安京』京都大学学術出版会、二〇〇四年。安田政彦『平安京のニオイ』吉川弘文館、二〇〇七年など。
(24)前掲『天狗はどこから来たか』。
(25)鈴木孝夫「天狗の鼻はナゼ高い」『言語生活』一九一、一九六七年八月。
(26)『日本思想大系 世阿弥・禅竹』岩波書店、一九九五年。
(27)天野文雄「「善界」の本地」『観世』四四・五、一九七七年。
(28)植木朝子『梁塵秘抄』ちくま学芸文庫、二〇一四年。
(29)柴田実「猿田彦考」『日本書紀研究』八、一九七五年。
(30)橋本裕之『演技の精神史　中世芸能の言説と身体』岩波書店、二〇〇三年。

第二章　天狗の中世

古代において、天狗は人に取り憑く悪霊として理解されていた。当時、病はなにか悪いモノの発する力（物の気、もののけ）にあたって発症すると考えられたので、身心の健康ももちろんであるが、モノの正体を判別し、対処することが重視された。(1)

しかし、もちろん常人には憑きモノの正体を見極めることができない。そこで修行によって通力すなわち「修験」を身につけた僧侶（験者）が呼ばれ、祈祷が始まる。多くの場合、憑きモノは憑巫《よりまし》（依り代になる女性や童）の口を借りて託宣し、僧はその内容に応じてモノの正体を判断する。しかるべき神仏が祭祀を要求すればそれに応じ、怨霊が怨みを述べれば怒りを静めるため供養を行なう。天狗、狐狸の類いであれば即座に調伏が行なわれる。験者ではなく陰陽師や神官が務めることもあるが、おおむねやることは変わらない。もちろんその判断は慎重を要し、力量を試される。

こうして仏教者たちは天狗説話を積極的に語りはじめるが、平安時代の終わり、院政期から鎌倉時代にかけて天狗説話が増幅する。それは中世という時代の始まりであり、天狗説話隆盛期の始まりであった。

1　彼岸からの声

武者の時代

九条家の出身で天台座主となった慈円《じえん》（一一五五〜一二二五）に『愚管抄《ぐかんしょう》』という著作がある。神話時代からの天皇家の歴史から説き起こし、自分自身が見聞きした源平争乱の時代をふまえて新たな「武者《むさ》の世」、すなわち武家が政権を握る時代をどう生きるかを模索したもので、歴史哲学書と称される。その巻六に次のような挿話がある。

建永元年のころ、かつて後白河院に仕えていた仲国法師という男の妻に後白河院の霊が取り憑き、自分を祀れと託宣した。公卿たちも衆議し、祀ることに決しようとしたが、徳大寺公継《とくだいじきんつぐ》の勧めで慈円の意見を聞くことになり、（私は）「怨霊と決まった人がこうした託宣をすることはあるが、故院が怨霊となったのは疑わしい。八幡神のように新たに皇祖としてお祭りすべきことだろうか。人に取り憑き惑わせるような野干天狗の言葉を聞き、怪しい宗教者を近寄らせてはいけない」と反対した。この時「仲国法師」の妻に後白河院の霊が取り憑き託宣したが、慈円は「院には怨霊となる道理がない」ため、取るに足りない天狗や野干（狐狸）の仕業であると主張した。結果としては慈円の主張が認められ、仲国らは流罪となった。怪しげな託宣で世を乱した罪である。(2)

なぜこのようなエピソードが『愚管抄』に採られたのか。慈円はふだん生きている世界を、仮に顕れた「顕」の世界ととらえ、背後にある目に見えない「冥」の世界や「冥衆」（目に見えない存在）が「道理」に従ってこの世に働きかけ、歴史を動かすと考えた。[3] 慈円は『愚管抄』のなかで、「冥衆」の働きをふまえて歴史をつらぬく「道理」を明らかにしようとしたのであり、その一例として常人には見極めが付かないが、真に恐るべき神仏か、天狗や狐狸に過ぎないかを判別する見識の重要性について述べたのである。

慈円自身は、天皇家を臣下である摂関家が支えてきたのが歴史の「道理」であるなら、武家の力が強くなる流れに従い、器量をもつ人間が臣下として天皇家を支えるべきだと結論する。やがて実現することになる摂関家出身者が源氏の養子として将軍職を継承する「摂家公方」を想定していたともいう。

しかし歴史の流れは慈円の期待通りには進まなかった。承久元年（一二一九）、後鳥羽院《ごとば》（一一八〇～一二三九）は友好関係にあった鎌倉三代将軍・実朝《さねとも》が暗殺されたことで幕府との協調路線を放棄する。かねて執権北条義時《よしとき》とは朝廷の影響力を警戒して対立的な立場にあり、ついに後鳥羽院は承久三年（一二二一）五月に北条義時追討の宣旨を発し挙兵した。しかし朝廷軍は幕府の大軍を前に約一カ月程度抗戦しただけで敗北、院は「謀反」の罪を得て隠岐に流されてしまった（七月）。

政変にはあっさりやぶれたが、もともと後鳥羽院は頭がよく自信家で、書画、蹴鞠、和歌、水練など諸芸に優れた才人だった。だからこそ関東に主導権を握られるのが我慢ならなかったのだろう。隠岐に流されてからも、藤原定家《さだいえ・ていか》（一一六二～一二四一）と歌について議論した書簡や、勅撰した『新古今和歌集』を加除再編した隠岐本が残されている。流刑地で死んだ院の怨念が意識されたのも当然で、没後、延応元年（一二三九）五月二十九日には「顕徳院」の諡号がおくられた。

しかし同年に幕府軍の三浦義村《みうらよしむら》、翌年正月には北条時房《ときふさ》（義時の異母弟）が急死、二月に鎌倉で火災が相次ぎ、七月には旱魃の被害が広がったことから「顕徳院」怨霊の所為と噂され、七月十六日、仁治と改元される。仁治三年（一二四二）には四条天皇が崩御し後嵯峨天皇が即位、改めて「後鳥羽院」の諡号が贈られるが、六月十五日に北条義時の長男泰時が病没、経時が執権に着任する。

年号も権力者も次々に交替する動乱の時代が、天魔、天狗を意識させた。蔵人頭、民部卿などを歴任した平経高《たいらのつねたか》（一一八〇～一二五五）の日記『平戸記《へいこき》』延応二年二月二十二日条には、関東からの手紙で失火が相次いだことを知って「天魔蜂起」と述べ、武家が朝廷をさしおいて政権を担う時代が続いた「魔滅の瑞相」か、つまり武家政権が倒れる予兆ではないかという。さらに二十七日には、六波羅探題（幕府の京都責任者）北条重時の屋敷に天狗が現れたという奇怪な噂まで記している。

混乱はまだ続く。経時は病によりわずか四年で執権職を弟時頼に譲り、寛元四年（一二四六）閏七月、前将軍九条頼経《くじょうよりつね》（一二一八～五六、道家の子）が関東から京へ送還される。いわゆる「寛元の政変」である。内乱の影響は長期化し、関白近衛兼経《このえかねつね》（一二一〇～五九）もまた『岡屋関白記』のなかで天下の騒動を「所詮天魔の所為か」（寛元四年六月十三日）、「近日の事みな天魔の所為か」（十六日）などと書き付けている。

第六天魔王の影

のちに成立した『太平記』では、後鳥羽院による政変は魔怪の仕業だとされる。巻十二で、後醍醐天皇が建武の新政府を樹立した直後に、天皇の寵愛をうけた真言僧・文観《もんかん》(一二七八〜一三五七)を批判する文脈で後鳥羽院時代のエピソードが語られる。ここで印象的に登場するのが、欲界(煩悩の世界)の王、第六天魔王である。

貞慶《じょうけい》はあるとき、伊勢神宮に参って内宮・外宮を巡検した。そこで伊勢の神は仮に三宝(仏法僧)を嫌うように見えるが実は仏教に通じ、衆生を結縁に導く方便だと理解して感涙し、外宮で夜まで誦経を続けた。するとにわかに風が吹き雷鳴とどろき、虚空に楼閣が出現した。多くの車馬が集まり、そのなかでもただ者ではない様子の、身長は二、三十丈ばかり、夜叉のような十二の顔と四十二本の手をもち、あるいは日月、あるいは剣戟をひっさげた者が、左右に並んだ眷属たちにむかってこう言った。

「自分は帝釈天の軍に打ち勝って、いま大海を踏もうとする勢いだが、毎日眷属たちが数万人も亡んでいく。それは日本の解脱房貞慶という聖が人々を教導し、魔障の勢いが失われるからだ。なんとしても解脱房に驕慢倦怠の心を起こさせたい」

そこへ、兜の正面に第六天魔王と金字を打った武将姿の者が進み出でて

「簡単なことです。後鳥羽院を惑わせて鎌倉の北条氏と合戦をさせ、我らが北条方に力を貸せば、公家方はやぶれて院は遠国へ流されます。そうすれば広瀬院の第二皇子(のちの後堀河天皇か)が即位し、かの宮が帰依する解脱房は都へ召されるでしょう。そうすれば名利を得て堕落し、必ずや破戒するに違いありません」

と策を献じた。この魔王の提案に外道たちも賛成し、東西へ飛び去った。貞慶は、これぞ伊勢の神明が自分の道心をうながすため警告を発したのだと歓喜し、都へは帰らず笠置山に隠遁した。果してそのとおりに世情が動いたが、貞慶は都へ行くことなく修行に明け暮れた(4)。

『太平記』は、解脱房貞慶《げだつぼうじょうけい》(一一五五〜一二一三)の故事に比べて当代の文観はどうか、と批判する。魔王すら一目を置いた貞慶が隠遁したのに比べ、名利をむさぼり「邪魔(天魔)・外道」にとりこまれた文観は情けないふるまいだという。文観は真言宗のなかでも呪術的性格の強いいわゆる立川流の中興とされ、後醍醐政権と深く結びついていた。立川流の独自性、特異性をどこまで認めるかは評価がわかれるものの、呪術をもって天皇の信頼をあつめ、天魔に接近した怪僧というイメージを持たれたようである。

文観の時代からさかのぼること百年ばかり。貞慶の前に姿を現した楼閣の主は、名指されてこそいないが阿修羅王に違いない。興福寺が所蔵する少年のような造像が有名だが、本来は仏法に対立する戦いの神で、とくに帝釈天と戦いをくり返し、日月を喰らって日蝕・月蝕をおこすという。ここでは後鳥羽院による承久の乱(一二二一)を招いたとされ、戦乱を司る神の面目躍如といえる。

一方、第六天魔王は、他化自在天、大自在天などとも呼ばれ、インドのシヴァ神に通じるというが、仏道を妨げ、世を混沌に返そうとする天魔の首魁である。

そもそも「魔」の語源はサンスクリット語のマーラ mara、すなわち煩悩だ。煩悩をひきおこす男性の象徴を摩羅《マラ》と呼ぶのもこれに由来する。仏典における「魔」は、徳の高い修行者の前にあらわれ、誘惑する存在だった。菩提樹の下で釈迦が「魔」をしりぞけた「降魔相」のエピソードは有名だが、このとき釈迦と対峙した魔王こそ、第六天魔王である。仏敵の代名詞であり、『酒呑童子絵巻』では源頼光に退治された大江山の酒呑童子が第六天魔王の化身と語られ、比叡山を焼き討ちした織田信長も第六天魔王を自称したといわれている（なお信長の逸話は「天台座主」を自称し信長を批判した武田信玄に返した署名とされる。ルイス・フロイスが本国へ送った報告書でしか確認できず、真偽は不明）。

そのような強大な力をもつ魔王にしては、この計画はやや迂遠な気もするが、それだけ近寄りがたかったのだろう。この説話で第六天魔王は阿修羅王の配下として、先に紹介した天狗と同様、人々の心に取り憑き、乱世を招こうとする。仏道修行をさまたげる「天魔」「魔王」が、天狗とおなじ、乱世の到来にかかわるものとして語られている。

能『第六天』は、この『太平記』の第六天魔王説話にもとづく内容で、貞慶の前に魔群を率いた第六天魔王があらわれるが、伊勢の加護により素戔嗚尊《すさのおのみこと》が顕現して魔王を撃退するという展開である。第六天魔王は天狗と同じ大癋見面で演じられる。中世の人々は、うち続く戦乱の背後に、天狗と同じ魔の世界の住民を意識していた。

中世神話

貞慶は伊勢参宮の途中で第六天魔王に遭遇することになったが、実は伊勢神宮と第六天魔王は、中世において強固に結びついていた(5)。鎌倉時代の僧無住（一二二六〜一三一二）は、『沙石集《しゃせきしゅう》』巻一第一話で、次のような説話を語る。

私が伊勢神宮へ参詣し、ある神官に聞いたところでは、神宮では三宝の名を言わず、僧侶は参詣しないという風習がある。これは、昔この国の姿がなかったころ、海の底に大日如来の印文が沈んでいたところへ大神宮（天照大神）が鉾を差し下ろし、鉾から滴った雫が日本となった。それを知った第六天魔王が「この国に仏法が流布し、人びとが悟りに至るようだ」と察して破壊しようと現れたのを、大神宮が魔王に「私が三宝を近づけないと約束する」と偽って誓約し、追い返した。そのため表向きは僧を参らせず、三宝を口にせず、仏教を遠ざけるようにして、実は三宝を守っていらっしゃるのだという。(6)

これは記紀神話の冒頭を中世仏教的に再解釈した「中世神話」である。記紀神話では、鶏の卵かクラゲのように混沌とした海をかきまぜて国土を生み出したのは伊弉諾《いざなぎ》、伊弉冉《いざなみ》の夫婦神だったが、中世神話では天照大神で、実は大日如来の印文（大日を表す梵字を印した印章、あるいは梵字そのもの）の沈んだ海をかきまぜたのだ、という。こうした仏教的解釈を「伊勢の神官」が語っていたらしい。

伊藤聡氏らの研究が明らかにしたように、中世には記紀神話を独自に解釈する秘説が多くつくられ、神道の教義として整えられていった。第六天魔王との誓約説話は特に普及し、天照大神ではなく伊弉諾尊や天常立尊と伝えるものもあるが、ほぼ同じ話といってよい。それが仏法を破壊しようとする第六天魔王との誓約を経て、仏法興隆の神国である、という矛盾した神仏習合の「日本」を肯定する説話へ昇華していく。

仏教説話のなかで在来の神信仰と天魔が結びつくものがある。『平家物語』諸本のうちでも古態を残すとされる延慶本に「法皇灌頂事」がある。後白河法皇（一一二七～九二）と住吉神が天魔や天狗に関する問答を交わす、不思議な章段である。

信仰あつい法皇は園城寺で灌頂（密教の奥義）を授かろうとするが、園城寺と対立する比叡山門徒にさまたげられ、自分こそ灌頂にふさわしいはずと腹を立てる。そこへ住吉神が託宣し、灌頂がさまたげられたのは天魔の仕業だと告げ、天魔について語り出す。

住吉神いわく、天魔とは「通力を得た畜類」であり、三つの段階がある。第一の天魔は、智慧にすぐれた学僧だが道心なく、驕慢なものがなる。その姿は頭は天狗（狗）、身は人で、左右の羽がある。八宗の智者はみな天魔になり、これを天狗という。尼は尼天狗になる。第二に波旬、天狗の業果てて入定するとき、人里はなれ深山深谷にいるものをいう。一万歳ののち人身に生まれ変わる。第三に魔縁、人に勝ろうとする心を縁として魔が集まるために魔縁という。驕慢な心のない人の仏事には魔縁の集まることがないので天魔にさまたげられることはないのだ、云々。(7)

天魔の妨害を招いたのがおのれの驕慢だったと気づいた法皇は心をあらため、住吉神の託宣にしたがって四天王寺におもむき灌頂をさずかることになる。

後白河法皇といえば平氏政権から鎌倉幕府成立にいたるまで、さまざまな政争、内乱の陰で暗躍し、源頼朝から「日本一の大天狗」と皮肉られた人物だ（『吾妻鏡』）。ところが当人は天魔の理解を深め、四天王寺で密教の奥義に至ったという。この天狗問答の一段は独立して『天狗物語』としても受容された、いわば中世仏教における隠秘趣味的《オカルティック》な天狗論の集大成ともいうべきものである。

しかし天魔三段階説は、仏典の出処を明らかにできない。『六十巻華厳経』に魔は十種に分かれるといい、『罵意経』には五魔（天魔・罪魔・行魔・悩魔・死魔）があるといい、『大集経』巻九や『大智度論』五では四魔（陰魔または蘊魔・煩悩魔・死魔・天魔または天子魔）があるという。だがどれもピタリと一致するわけではない。

また、天台宗の根本経典『摩訶止観』は、現実のすべては仏性を具体化したもの、逆にいえば現実こそ仮の表象にすぎないという思想をもち、「魔界即仏界」と説く。すなわち、自分の意識の持ちようで現実は魔界にも仏界にもなるし、魔が仏への契機になることもあるという。こうした仏典における「魔」観から発展し、中世に独自の熟語「魔仏一如」が成立した。修行の過程でおとずれる魔の誘惑さえ、それを機縁に悟りへ導く仏の方便であり、結局は魔も仏も表裏一体であるという意味である。

中世日本では神仏習合説が進み、在来の神の本地が仏菩薩であるという「本地垂迹」説もおおいに流行した。あらわれる姿は違っても、本質は同じで仏道につながっているという考えは、さまざまなものの見方に影響を与えている。天狗説話もこうした秘説と関わって展開していくのである。

2　魔道と天狗

魔界転生

引きつづき無住『沙石集』の天狗説話を見ていこう。『沙石集』は弘安六年（一二八三）に成立したあと、編者みずから何度か改稿や補筆を加えたとされる。米沢本巻七ノ二十は、天狗から印形を学んだという説話である。

ある修行者が奥州の山奥で宿を求めたところ、天狗の住むという古堂を紹介された。修行者は真言師だったので、自分の法力を信じて泊まったところ、夜中に小法師三十人ばかりを連れた立派な僧が輿に乗ってやってきた。小坊師たちは庭に出て遊ぶようだった。修行者は隠形の印を結んで息を潜めていたが、やがてこの僧が修行者に声をかけ、「あなたの隠形の印の結び方は間違っているようだ、おいでなさい、お教えしよう」と言う。やや安堵して教えられたとおりやってみると「今度は見えなくなりました」と言って、小坊師たちを連れて山へ帰って行った。

とぼけた味わいの話で、天狗が教えてくれた隠形の印形が本当だったのかどうかも疑うべきだと思うのだが、何も書いていないところをみれば正しかったのだろう。

無住はこのあと天狗は日本だけでいうといい、「聖教に確かなる文証なし」、仏教経典に確かな典拠がないとしている。そして先人の考えでは「魔鬼」や「鬼類」であり、真実の智恵、道心がなく、執心偏執、高慢さの残った者がみな天狗になるという。

無住は漢籍や仏典の「天狗」の用例を知らなかったのか、知っていて違うと考えたのか、言及していない。そのうえで天狗は大きく善天狗、悪天狗の二種に分けられる、と解説する。無住によれば、悪天狗とは傲慢で仏法を信じない者がなり、善天狗は仏法に志がありながら執心を消すことができなかった者がなる。隠形の印形を教えてくれた天狗も善天狗だったのだろう、という。

善天狗、悪天狗という二分類は他書にみえないが、執心・驕慢の心から天狗（魔）になる、という考えは一般的である。現代の日本で「悪魔」や「魔界」は西洋的な印象があるかもしれないが、漢訳仏典にも登場する立派な仏教語彙であり、日本仏教では「天狗」「天狗道（天狗界）」と同じものと扱われていた。同じく『沙石集』巻五本ノ六に、魔道に墜ちた学僧に関する説話がある。

あるとき春日社を詣でた僧が、亡くなった師匠の学僧に行き逢い、夢心地のまま師匠の案内で春日山へ入った。すると興福寺のような寺があり、多くの学僧が論議をしている。ところが空から獄卒や釜、銚子、器が落ちてきて、獄卒たちが釜のなかの煮えたぎった銅の湯を器に注いで居並ぶ僧たちに無理に飲ませた。学僧たちは焼け焦げ、悶絶して息絶えるが、半刻（一時間）ほどすると元通りになり、それぞれの部屋に帰っていった。師僧は「仏法を名誉ほしさに学んだため、死後このような苦しみを受けている。悔しいことだ」と泣く泣く語り、弟子を送って山を出た。弟子の僧は発心して修行の旅に出たという。

この師僧は名誉欲しさの不純な動機から仏法を学んだため、銅の湯を飲まされるという責め苦にあっているが、春日山周辺にある魔道で仏法論議に加わることができたという。充分な苦しみだが、地獄よりはマシらしく、修行の成果はあったことになる。

興福寺など南都（奈良）の僧が墜ちる「魔道」（魔界）は春日山周辺にあると考えられたらしい。『沙石集』巻一ノ六では、あの解脱房貞慶の弟子、性円（璋円）が魔道に堕ちたと語る。性円が死後、ある女人に取り憑いて語ったところでは、興福寺で学んだ僧は春日明神の加護で地獄へ生まれ変わることなく、春日野の魔道で修行をやり直すのだという。同じ話が『春日権現験記絵』巻十六ノ四にも語られている。

このように間違った修行で天狗になる修行者は、仏教者にとって反面教師でもあり、恐れるべき破戒者、誘惑者でもあったが、ある意味で身近な存在だった。この点、西洋の悪魔とも共通する。結局、悪魔の世界を語っていたのは、洋の東西を問わず、悪魔と対決する宗教者たちだ。宗教者は「魔」を払い、信仰を取り戻させる役目を担うが、逆に信仰を広めるため「魔」の恐怖を広める立場にも立っていた。

魔道とは何か――『比良山古人霊託』

仏教の教えでは、生命は死ぬと六道（天・人・修羅・畜生・餓鬼・地獄）に転生する。犬や蛇（畜生）に生まれることもあるし、再び人になるかもしれない。罪を重ねたり、執心を残したりすると六道のなかでも三悪道（畜生・餓鬼・地獄）に生まれ変わるが、天道や人道に生まれても死や老衰、病など本質的な「苦」から逃れることはできず、六道輪廻から「解脱」することを願って修行を重ねることになる。天魔・天狗はその修行を妨害し、仏の救済から外れた魔道（魔界）へ誘う存在だが、しかし、本来の六道に「魔道」はふくまれていない。ところが中世日本では、まるで魔道に堕ちることを前提としているように、天狗たちの実態を生き生きと語った。中世説話の語る魔道とは、一体何なのか。

中世に語られた魔道については二つの代表的な資料がある。ひとつは『七天狗絵』という永仁四年（一二九六）に成立した絵巻物で、『天狗草紙』『魔佛一如絵詞』とも呼ばれる。もうひとつは、慶政《けいせい》上人（一一八九～一二六八）の記した『比良山古人霊託《ひらさんこじんれいたく》』である。先にこちらを紹介しておこう。

延応元年（一二三九）五月十一日、前の摂政で前年から法住寺に隠棲していた九条道家（一一九三

〜一二五二）が病気で臥していたとき、邸内の女性に天狗が取り憑いた。ちょうど道家の兄で西山法華山寺の住持であった慶政上人が祈祷のため屋敷を訪れており、事件に遭遇した。そして天狗（の憑いた女性）と対話し、天狗道の実態を明らかにした(8)。

本書は慶政と天狗による問答の記録で、いわば天狗独占インタビューである。江戸時代の平田篤胤『仙境異聞』に先立つことおよそ六百年、好一対の奇書といえよう。

それによれば、女性に取り憑いた天狗は比良山に棲んでおり、もとは藤原氏の家祖・鎌足よりも古い、聖徳太子時代の先祖（＝古人）であった。天狗は自ら法住寺周辺の地主だと名乗り、供養を受けたいと考えて託宣をおこなったが、家司（家政を取りしきる職員）の兼盛が道家に伝えるのを怠っていたため、改めて参上したという。

慶政はただちに法住寺で供養をおこなうことを約束し、作法の指示もうけた。続いて道家の病について問いただしたところ、何体かの霊の仕業であったが、すでにおおかたは離れ、いま残るのは二、三人、そのなかの一人は「悪性なる者」だが残りは「与力」（助勢）なので心配はないという。天狗は慶政に敬意を持ち、九条家の守護を約束する。

さらに天狗が語るには、道家の祖父兼実《かねざね》（一一四九〜一二〇七）や、政敵だった近衛基通《もとみち》（一一六〇〜一二三三）、一族で天台座主だった慈円（一一五五〜一二二五）など、重立った摂関家の重鎮は死後すべて魔道（天狗道）におち、愛宕山にいるという。ときの最高権力者たちが、みな往生かなわず天狗道に生まれ変わり、そのため勢力争いなどもあるようなのだが、特に現世に怨みがあるわけでもなく暮らしているらしい。

慶政は、天狗の姿形や生態についても質問している。天狗は「軽々しく露顕すべきでない」と言いながら（オフレコということだろう）、「姿は十歳くらいの子どものようで頭や体は人のようだが、足は鳥に似て翼があり尾は短い」「トビが我らの乗り物だが、乗っていないこともある。人間の子どもがトビを捕まえたりするのは我らが乗っていないときだ」とか、「妻子は皆もっている。私は嵯峨野で人に棄てられ迷っていたところを妻にしたが、婦天狗は人には取り憑かない。子は幼いころはかわいいが、長じると互いに犯し（危害を加え）あう」など、丁寧に答えている。

また仏教界の著名人として、華厳宗の明恵《みょうえ》、法相宗の貞慶、浄土宗の法然、親鸞門下の善念《ぜんねん》、性信《しょうしん》らの消息を問うている。その答えは、明恵は「解脱し、兜率天に生まれている」、貞慶は「知らない（天狗道にいないの意味か）」、しかし正法（正しい仏法）を誹謗して人を惑わせた法然、善念らは無間地獄に堕ちている、性信はおおむね同意見であったが信者が少なかったため畜生道か魔道に堕ちているという。

こうした問答を交わしたすえに慶政は「魔界如と仏界如は一如にして二如なし」、魔界と仏界は一体のものだから修行者を悩ませることはやめるようにとの教えを天狗に伝え、天狗も結縁をよろこんで退去する。のち密教の行法にしたがって社殿が設けられ、現在も東福寺境内にある魔王石なる石と石塔が「比良山古人」の明神塔だという。

慶政は、摂関家に生まれながら幼いころ病のため背骨が曲がり、家を継ぐことなく出家して園城寺に入った。東寺で真言密教を学び、建保五年（一二一七）には宋に留学し、翌年帰国。日本でも『閑居友《かんきょのとも》』

ほかの著作を執筆し、諸山の縁起を書写するなど精力的に活動した。教学や戒律を重視する点で明恵、貞慶は近い存在であり、専修念仏を主張し独立していった法然、親鸞らの浄土宗とは対立する立場にあった。

すなわち、本書の天狗道は現実の摂関家や仏教界の様子など、インタビュアーの慶政自身の価値観が濃厚に反映されている。このような記録が摂関家内部の秘伝として継承されていくことで、摂関家の権威が死後世界にも敷衍されているという証明になるのだ。

魔道を語る

慶政が直接天狗と対話できたのは、最終的に天狗を教導できる、ゆたかな学識を持っていたからだ。これは中世の天狗説話を考えるうえで重要である。魔道の住人である天狗とコミュニケーションできたのは、天狗を制圧しうる異能者だけであった。ところが興味深いことに、こうした異能者は慶政ひとりではなかった。

伊藤聡氏が紹介する『遍明院託宣《へんみょういんたくせん》』は、建長三年（一二五一）に高野山遍明院の稚児に取り憑いた「大師明神」という神と、学僧として知られる道範《どうはん》（一一七八～一二五二）による問答を記録した資料である。ここでも魔道（天狗道）について言及がある。[9]

そこでは、地獄や畜生のような六道よりもむしろ魔道のほうが仏道に近く、仏道に至るための仮の生をすごす場所だという。伊藤氏が明らかにしたように、鎌倉時代においてはこのような、魔道案内書というべきものが複数作られていた。すでに紹介した延慶本『平家物語』の後白河院と住吉神による天狗問答も、この延長上に考えることができる。

こうした魔道案内書では、魔道は仏道修行をしながらも執心や欲心を残したものがおもむく世界とされる。魔道、天狗道は、地獄よりはマシだが苦しみの多い世界であり、解脱のため供養を願っているという共通理解があるようだ。

これは池上良正氏のいうとおり、中世ヨーロッパでカトリック教会が提唱した煉獄にも似ている。煉獄はプロテスタントからは聖書にもとづかない解釈として排撃されたが、天国と地獄の中間に存在する冥界と説明される。小さな罪を犯した死者の霊魂が天国へ入るため炎で罪を浄める場所だといわれ、浄化のためには遺族など生者の祈りも重視されたという[10]。

日本でも平安時代中期に浄土信仰が盛りあがった。浄土とは煩悩のない清浄な世界のことで、浄土信仰には、精神を集中し、観想や誦経などの行を究めることで浄土へ至ろうとする自力型と、ひたすらに念仏を唱えることで阿弥陀仏の力を信じ、浄土へ救ってもらおうとする他力型とがある。比叡山で興った浄土教は前者の性質が強かったが、比叡山で学んだ法然は後者を重視し、他力救済型の教義を打ち立てていくことになる。

また浄土信仰とともに天台宗では、修行によって誰もが仏性に至る可能性がある、という大乗的な思想が強くなった。そして輪廻を離れた解脱よりも、より実体的な仏の世界である極楽浄土への転生、すなわち極楽往生こそが目的となっていく。

教学や修行の内実を問う立場からいえば、行をおろそかにした信者は「魔」に魅入られる。『今昔物語集』で語られた愛宕護山の聖人のように、安易な極楽往生を信じれば、野猪の化けた仏に騙されてしまうのである。そのため適切な修行によって「魔」の誘惑を見破り、往生を遂げることが重要だったはずである。ところが誰もが往生を願うようになると、かえって往生に失敗した人々の行方が関心を集めたらしい。魔道、天狗道はそのような中世仏教の関心が創出した六道の派生であり、「往生失敗者」の集まる煉獄であった。

『七天狗絵』の成立

さらに魔道案内書が続出した当時の宗教事情について述べておくと、文永の役（一二七四年）、弘安の役（一二八一年）という二度の蒙古襲来を経て、幕府は大寺社への保護政策を進めた。蒙古軍を撃退した台風が、寺社の祈祷による神風との信仰があったためである。その一方、禅宗や、のちに鎌倉新仏教といわれる浄土宗、日蓮宗、時衆などの新しい教えも支持を広げていた。

そうした時代に『七天狗絵』が成立した。絵巻は七巻構成で、興福寺、東大寺、延暦寺（比叡山）、園城寺（三井寺）、東寺、山伏、遁世を「天狗の七類」と名づけ、仏教界を諷刺、批判する内容をもつ。分散して伝来したことや、諸寺の事跡、経論の引用、天狗説話が交錯する複雑な構成もあって読解の難しい作品だが、近時、神奈川県立金沢文庫所蔵の説草（説教台本）から共通する内容をもつものが発見され、関東の仏教唱導に利用された可能性が考えられている。

内容について見ると、興福寺は藤原摂関家の帰依をうけた六宗の長者であるが、それを誇り、衆徒の執心、驕慢はなはだしく天狗になる。東大寺は、天下無双の仏殿、七重の塔が雲にそびえ立ち、我執まさって天狗になるという。天台宗の本山である延暦寺（比叡山）は王城鎮護の本山だが、諸国の寺社がほとんど末寺だとおごり、慈恵僧正と呼ばれた良源は魔界の棟梁になったと伝わるので一切の天狗はすべて比叡山の衆徒といってよい云々。このように諸大寺をことごとく諷刺し、結論からいえば幅広く目配りをした諸宗兼学の立場を重視していたらしい。

なかでも特に詳しいのは園城寺巻である。顕教・密教にくわえ修験をふくめた三宗を学んでいるのは当寺のみであり、日本国鎮護、天台宗繁昌の勝地ではあるが、執心を増して驕慢をもよおすゆえ天狗になることを避けがたいという。代々の熊野三山検校を輩出したと園城寺派修験を評価するが、別に「山伏」についても役小角から説き起こし、一勢力として認めている。修験道成立の過程に即した記述とも言える。

さらに、同じく園城寺巻におさめられた説話では、七類の天狗の集会が語られる。

あるとき丹波篠村に住む僧が迷って山奥へ入ってしまい、怪しげな僧侶たちに遭遇した。僧侶たちは世間を乱し仏法をさまたげるため謀議する天狗であった。絵ではくちばしをつけた各宗の高僧たちが描かれる。天狗たちは世を乱すため、専修念仏、達磨宗（禅宗）を広めようと提案し、念仏も座禅も一心に行えば往生は間違いないが、空から花を降らし紫雲を起こせば民衆はだまされるだろうと結論して散会した。このころから念仏聖（念仏の功徳を説く浄土宗の下級僧）や放下僧（音曲や大道芸をみせながら布教する禅宗系の芸能者）が横行し始めたという。絵巻は念仏宗徒の様子は次のように批判する。

　念仏する時は頭をふり、肩をゆすって野馬のごとく踊りまわる。騒がしいことは山猿と違いがない。男女とも股間を隠さず、食物をつかみ食いし、無作法を好む様子は、畜生道におちた業因の姿であろう。

野馬や山猿のように躍り狂う、無作法で下品な連中。これは踊念仏の主唱者、一遍（一二三九～八九）の信者である時衆を批判的に描くものである。一遍と並べられる「放下僧」も、自然居士（生没年未詳、能『自然居士』の主人公）という実在人物をさす。

「七天狗絵」（『魔佛一如繪』内藤家旧蔵）
『新修日本絵巻物全集 天狗草紙・是害房絵』

絵（上図参照）では天狗（らしき猛禽類）が紫雲から花を降らせ、それをよろこぶ僧尼たちが描かれる。仏の奇瑞だと思っているのが、天狗の仕業なのだ。かたわらでは相撲をしたり寝転んだりしてくつろぐ信者たちが描かれ、その周りで尼が大便をしていたり、さらに一遍上人の尿を、万能の薬だといってやりとりしたりしている。貴賤を問わず救われると説いた一遍の周辺を、猥雑な異空間としてとらえ批判しているようだ。

　やがて異端の教えが横行し、正しい仏法はすたれた。天狗たちは世の乱れを祝う宴を催す。このとき酔った天狗が四条の河原で肉片に釣られて子どもに捕まり（トビの姿で描かれる）、殺されてしまう。仲間の天狗たちはこれを見てみずからの浅ましさを反省、改心し、我執を捨て各宗の教えにはげんで解脱する。「魔仏一如」の結末である。

子どもがトビを捕まえるというのは、当時よくある風俗だったらしい。『比良山古人霊託』でも、天狗の乗っていないトビが子どもに捕まることがあるが、天狗が乗っているときは罰を下す、などと語られている。ところが、この絵巻では、天狗の化身であるトビでさえ、肉片に釣られて子どもに殺される。現世を混乱に落とし入れた天狗の末路にしてはあまりにあっけない。絵巻は「魔仏一如」と「諸宗兼学」を強調し、大団円となる。

絵巻の内容は、大寺の高僧への諷刺もあるが、それ以上に念仏や禅の功徳に特化した新興勢力に批判的である。あくまで大寺の立場から、天狗を笑うべき対象としたことが明らかだろう。民衆に交じり、芸能や祈祷を通じて教えを広めていた宗教者たちは、寺院社会からみれば天狗と同一視される異端の存在だったのである。

天狗狂乱

『比良山古人霊託』で慶政が発した質問のなかに、このような質問がある。

問ふ。六月の内に、隠岐院の霊、熊野権現に祈請して、六月の内に洛中に乱入し、諸宮、諸院を悩まし奉るべきの由、或る説にこれを示す。実否、いかに。

隠岐院とは承久の乱（一二二一）で隠岐に流された後鳥羽院のことで、この年（延応元年、一二三九）三月二十八日に没している。その霊が六月中に都に「乱入」し、皇族たちを悩ませるというが本当だろうか、というのだ。

気になる天狗の回答だが「諸宮、諸院をば悩まさんとせらるとも、よもかなはじ物を。ただ少々こそ申すはあらずらん」、病で悩ませたとしてもたいしたことはない、だが少しはあるかもしれない、という。煮え切らない回答である。

後鳥羽院との交流も深かった歌人、藤原定家の日記『明月記』安貞元年（一二二七）七月十一日記事には「天狗狂乱殊《こと》に甚《はなはだ》し」として、次のような噂話を記録している。

近ごろ、清水寺の鐘楼の下から、白い布で縛られた法師が救い出された。数日して息を吹き返し、語ったところによれば、春に伊勢国から上京し、六月十二日に本国へ帰った、伊勢で知り合いの山伏に出会ってまた京に戻ったが、他の僧と合流し、法成寺で何やら貴賤の入りまじった酒宴の席に加わることになり、衣や帷子を売って酒を買うように命じられた。意識が混乱し、気が付けば鐘楼に縛られていた、という。参詣人たちが憐れんで法師に衣を与え、伊勢に返してやった。同席した者たちは、額に角を生やしていたようだという。(11)

伊勢国の法師が天狗らしき怪しい山伏に前後不覚のまま連れ回され、清水寺の鐘楼で発見されたという。さらに、この記事にはよくわからない注が付されている。

其の間事等、崇徳院当時鎌倉竹中におはし、僧都は隠岐島に参るなど云々

崇徳院（一一一九〜六四）が鎌倉にいて、僧都と呼ばれる正体不明の人物が隠岐に参上したという。じつに印象的な、奇妙な説話といえる。

竹中とは頼朝の父、義朝の首が埋葬された鎌倉勝長寿院のことといわれるが、事件のおきた安貞元年は崇徳院の没後六十年以上も経った時期である。僧都という人物は隠岐に流された後鳥羽院を見舞ったのだろうか。とにかく伊勢国の法師がまぎれ込んだのは、崇徳院の霊や後鳥羽院の影が見え隠れする、異形の宴であったらしい。

『明月記』記事を検討した小峯和明氏は、政変だけでなく身のまわりでも異常な事態、事件に遭遇した時、「すべてを天狗や天魔、魔性といった実体におきかえて解釈する」という傾向を指摘している。[12]

こうした傾向は、定家だけの特色ではなかった。すでに見てきたように貴族日記のなかでは「天狗（天魔）の所為か」という表現は常套句で、その後も使われていた。

延文四年（一三五九）八月、京中の邸宅に次々と石つぶてが投げ込まれた事件（『園太暦』）、応永二十三年（一四一六）正月九日に相国寺より移築された北山の大塔が雷で焼失した事件（『看聞日記』）、正長元年（一四二八）七月九日の夜、風もないのに内裏の東北隅で榎の大木が倒れ、数百人もの声がしたという噂

が流れた事件（『薩戒記』。後日この木は老木であり人声は虚誕であったと注がついている）などなど。

また『神明鏡』では応永十七年（一四一〇）正月、下野那須山（栃木県那須岳）の噴火による山崩れ、大島の地震によって死者が多数でた件について、当時の報告書に「天狗動」とあったことが記される。大きな天変や戦乱、身近ないたずらに至るまで、物騒で不可解な事件が起こると、天狗（魔）の仕業ではないかと考えたのである。

魔の系譜

現世に混乱をもたらす天魔は、また戦乱や政争の敗者である怨霊とも同一視された。鎌倉時代に成立した『保元物語』末尾に描かれる崇徳院の壮絶な最期は有名である。

半井本によれば、保元の乱（一一五六）で後白河、平清盛の前に敗れ讃岐（香川県）に流された崇徳院は、都へ帰ることをあきらめ、みずから写した五部大乗経を都の大寺に奉納したいと望んでいた。しかしそれも許されず怒り狂い、髪も爪も伸び放題に、「生きながら天狗の姿」となったという。

「五部大乗経の大善根を三悪道に抛《なげうち》て、日本国の大悪魔と成らむ」

と誓はせ給て、御舌の先を食切せましまして、其血を以て、御経の奥に御誓状をぞあそばしたる。(13)

諸本によって若干表現の違いはあるが、大乗経を三悪道に投げうって大悪魔となり、世の中を混沌におとしいれようという誓文を、舌先を食い切って血でしたためたという。

みずからすすんで「魔」となったと語られるのは崇徳院だけではない、悪源太と呼ばれた源義平《みなもとのよしひら》（源義朝の子。頼朝、義経らの異母兄）もそうである。『平治物語』によれば、平治の乱（一一五九）に敗れて捕まった義平は、六条河原で首を切られようとしたとき、太刀を構える難波経房という男に向かって

運のきはめなれば、今生にてこそ合戦にうちまけて情なき目にもあひけれ。恥辱をばかくとも、死ては大魔縁となるか、しからずは雷と成ッて、清盛をはじめ汝に至まで、一々に蹴殺さんずるぞ(14)

と叫んだ。魔縁か雷となって清盛ともども殺してやる、決死の呪いだ。その言葉どおり、八年後に難波経房は雷雨に打たれて死んでしまったという。怨霊としての義平のイメージは、明らかに死後清涼殿に雷を落としたとされる菅原道真をふまえている。

もとよりこうした言動は、崇徳院や義平自身が発したものではない。あくまでも死後に成立した軍記物語のなかで語られる伝承だ。

崇徳院が実際に死んだのは長寛二年（一一六四）八月だが、すぐに怨霊が意識されたわけではなかった。怨霊研究の第一人者、山田雄司氏によれば、それから十年以上が経った安元二年（一一七六）、崇徳院と対立した後白河院がわに死者が続出し、にわかに崇徳院の怨霊について語られるようになった(15)。

流行病だったのだろう、この年六月に二条院中宮の高松宮、七月に後白河の女御建春門院、ついで十

三歳だった孫の六条院までが病死し、飢饉など天災も続いた。さらに太郎焼亡、次郎焼亡と呼ばれた安元・治承の大火が都に大きな被害をもたらす。

これほどの災害が続けば怨霊が意識されたのも無理はない。為政者としては怨霊を慰め、民衆の不安を解消する必要があった。崇徳院がたについていた藤原教長や、仁和寺の元性（崇徳院の第二皇子）の運動もあり、崇徳院怨霊の鎮撫策がとられていく。怨霊は魔道に苦しみ現世を混乱させる天狗（魔）と重ねて理解されていたのだ。

安元三年八月三日、讃岐院と呼ばれていた院を「崇徳院」と追号することが決まった。また崇徳院ゆかりの成勝寺での法要や、讃岐の崇徳院墓を山陵として整備され、神祠の建立（のちの粟田宮）が決定する。

これでおさまったかに見えた怨霊がふたたび意識されたのは、先に述べたとおり一二三〇年代ごろ。後鳥羽天皇は幕府との対立を深めて暴発し、承久の乱を引きおこす。朝廷の力はさらに衰え、幕府では執権北条家の権力が高まった。一度は将軍となった九条頼経も京へ送還される。都人たちにとってそれは「道理」に外れた世であっただろうし、「天狗狂乱」と映ったのである。

怨霊と重ね合わされた天狗像の典型は、『太平記』巻二十七、通称「雲景未来記」にあらわれる。これは貞和五年（一三四九）六月二十日、羽黒山の山伏雲景が、京で知り合った老山伏に誘われて登った愛宕山の本堂裏で、金色の鳶の姿をした崇徳院霊をはじめ、後鳥羽院、源為朝、真済などの怨霊たちの評定に遭遇するという章段。雲景は山伏から、これらの怨霊がいずれも魔王になって天下を乱す企てであると知り、武家の世がますます乱れるという予言をうける。魔王、天狗の間にはヒエラルキーがあるようでもあるが、いずれも「天狗道（魔道）」の存在であり、現世に混乱をもたらす存在であった。

軍記物語にとりこまれた天狗説話の背景には、魔道に関心をもち、魔道案内書を書き連ねた同時代の仏教者たちがいた。天皇家や摂関家、武家、寺社家などいくつもの権力が分立し、緊張状態にあった中世は、さまざまな神霊の声が取り上げられた。慈円が神仏や怨霊のような冥衆の働きから歴史の「道理」を導こうとしたのも、慶政や後白河院が魔道についての知識を深めたとされるのも、将来《さき》の見えない動乱期ならではだろう。人々は天狗や怨霊の跋扈する世をおそれ、少しでも行動の指針を得ようと神霊たちの託宣にすがったのである。

3　戦乱と天狗

魔道の存在とされた天狗は、中世の社会不安を象徴する存在であったが、特に戦乱と結びつける発想は中国の天文学に由来する。すでに触れたとおり、日本でも『日本書紀』舒明天皇九年（六三九）二月、東の空から西へ雷のような音をたてて流れた星を「天狗《アマツキツネ》」と判じたという記事があり、同年に蝦夷の乱で敗戦することの予兆として記される。こうした戦乱と天狗とのつながりを強調したのが、『太平記』の天狗像であった。

妖霊星を見ばや――『太平記』の天狗

『太平記』巻五、衰勢の鎌倉幕府をあらわす場面もよく知られている。ことさら田楽を好んだ執権、北条高時（相模入道。一三〇三～三三）の宴席に、どこからともなく異形の田楽法師たちが現れ、躍り狂う。この法師たちは、あるものはくちばしの尖った鳶のような、あるものは翼のある山伏のような姿で、口々に

「天王寺の、妖霊星を見ばや」

と謡い囃した、という。あとから人々が見たところ「誠に天狗の集りけるよと覚て、踏汚したる畳の上に禽獣の足跡多し」といい、異類異形どもは天狗だったとわかる。くちばし、山伏姿など、天狗像の定着を思わせる。

巻二七では、貞和五年（一三四九）六月十一日に四条河原で催された田楽のさなか、桟敷（高く作られた見学席）が突然の辻風（つむじかぜ）によって倒壊し、多数の死傷者を出したという事件が語られる。見物客のひとりだった叡山僧は、怪しげな山伏が桟敷の柱を押して「天狗倒し」にする様子を目撃したという。僧の証言により異変の背後に天狗の存在がほのめかされる。芸能研究者の橋本裕之氏はこの場面を「田楽によって生み出された熱狂が天狗という修辞を招きよせている」と評している。(16)

ここでいう田楽は、農民が演じる田植えの囃し歌とは別に、田楽法師と呼ばれる専門の芸能者が演じ

『絵本太平記』第10巻、208-209頁（国立国会図書館 蔵）

た、曲芸を交えた芸能をさす。賑やかな音曲、優れた肉体を駆使した多彩な技は、観衆の興奮をあおったに違いない。法師の名のとおり彼らは芸能者であるとともに宗教者でもあり、寺社で芸能を奉仕し、祈祷なども担った。そうした芸能がときに「天狗」の所為に例えられる熱狂も引きおこしたのである。

田楽法師たちの歌の内容は「天王寺の、あやしい凶兆の星を見たいものよ」とでも訳せばよいだろうか。「妖霊星」は流れ星のことと思われるが、和漢の用例がなくここで創り出された造語らしい。物語ではこのあと、「南家の儒者」刑部少輔仲範が「天王寺あたりから天下の動乱が出来し、国が敗亡するという意味」と歌の謎を解き明かす。

天王寺は聖徳太子の建立した四天王寺（大阪市天王寺区）のこと。河内の国侍から一躍、動乱の主役となった楠木正成の出現を予見したものだ。天狗たちは正成の活躍する乱世の到来を、日本仏教の始祖である聖徳太子に結びつけてはやしたことになる。

ところで、そういえば天狗問答を終えて後白河院が灌頂を受けたのも、四天王寺であった。歌の謎を解いた「南家の儒者」仲範は、聖徳太子伝の注釈で知られた実在の学僧だという。太子伝注釈の専門家である仲範が、天狗の予言を四天王寺と結びつけたことは偶然だろうか。国文学者の牧野和夫氏は、聖徳太子信仰につながる知識ネットワークが『太平記』天狗説話の背景に関係していたと論じている。(17)

近年の歴史教科書では、推古天皇時代に実在した皇族政治家（「厩戸皇子《うまやとのみこ》」とも呼ばれる）の事績と「聖徳太子」伝説とを切りわけて考えるが、実態は明らかでない。『日本書紀』にはじまる太子の神格化はさらに進み、没後三百年ちかい十世紀には理想化された聖徳太子伝説を集成した一代記『聖徳太子伝暦《しょうとくたいしでんりゃく》』が成立している。いわゆる「太子伝」とは、『伝暦』をもとに大量に作られた太子の伝記や、その注釈書をさす。

太子伝注釈には直接関係のない同時代の歴史的事象も多く参照され、舒明天皇時代の天狗記事も引用された。こうした知識の流通が『太平記』にまでつながるようだ。

天狗流星

鎌倉時代成立とされる百科全書『塵袋《ちりぶくろ》』でも「天狗」は天象の部で説明されている。

山臥のすがたに変じて人に憑くものは、さることにて、星のなかに天狗星と云ふあり。天狗流星と

も名づく。大流星と名て光りもののごときして通りたるあとの光もしばしは残りて、昼のやうに輝く星なり。(18)

天狗とは山臥の姿で人に取り憑くものというが、それと別に星の中に天狗星というものがあり、天狗流星とも大流星ともいって光り物のように通り過ぎ、昼のように輝く星だという。このあと『日本書紀』記事も引かれている。一般的な百科全書なので、天文知識がどこまで理解されていたかよくわからないが、ここでは「天狗流星」を予兆とする知識と、人に取り憑く性質が広まっていたことだけを確認しておこう。

これに対し寛正六年(一四六五)九月十三日夜から十四日未明にかけて目撃された流星は、その後長く続いた応仁の乱(一四六七~七七)の前兆として理解された。

当時の記録によれば西南から東北へ飛び、その大きさは七、八尺(二一〇~四〇センチ)、赤色で、地震か雷鳴のような音をともない、空気が鳴動したという(『親元日記』、『蔭凉軒日録』)。これを当時「天狗流星」とも称した(『大乗院日記目録』二)。

そして後世の軍記資料『応仁記』では、この寛正期の「天狗流星」を『太平記』の妖霊星記事と並べ、幕府衰退の兆しとして応仁の乱へつなげている。大乱の予兆として天狗流星を位置づけているのだ。しかし『塵袋』にせよ、『太平記』にせよ、ただ天文の知識としてだけでなく、山伏姿の魔物である天狗が前提になっている点は注意が必要だろう。

星占いというと非科学的なものととらえられがちだが、天文占は本来、厳密な天体観測を蓄積し、中国伝来の知識と観測データをつきあわせて分析する、専門的な技術だ。日本では天文占の専門家が宮廷陰陽道家に限定されていたためか、知識そのものが広まった様子はない。そのためか流星を解釈する天文占の知識よりも、魔物である天狗を戦乱と結びつけた理解が広まったようなのである。

天狗山伏

『太平記』巻六では、後醍醐天皇からの綸旨に呼応して新田義貞《にったよしさだ》が兵を挙げたところ、山伏が早々に触れ回り、里見、大井田の各氏が加わったと語られる。義貞は、連絡もしなかったのに兵が集まったのは天狗の所行かと驚いたといい、古活字版ではそのものずばり「天狗山伏」が知らせた、と記される。後世に作られた絵巻でも、鳥頭の天狗山伏が活躍している。

もとより新聞やインターネットのない時代は実際に見聞きした情報が第一であり、噂や風説も立派なニュースソースだった。全国を往来する宗教者たちは、そうしたニュースを運ぶ、いわばマス・メディアだといえる。ただその情報のなかには重要なものもあれば、怪しげなフェイクまがいのものもあっただろう。天狗と同一視され、かえって争乱を招く存在と語られた理由も想像される。

しかし注意すべきは、鎌倉時代に天狗と同一視された「山伏」はあくまでほかの下級宗教者たちの一類だった点だ。『七天狗絵』では「修験」は園城寺（三井寺）に属する顕教、密教と並ぶ教派として位置づけ、むしろ新興の時衆や芸能者をより敵視していた。

中世の「山伏」を、現在イメージされる「修験者」ととらえてよいかも考えておく必要がある。もともとは文字通り山野に起き臥す修行者をさし、『源氏物語』などにも用例がある古い言葉だが、やがて心身を清浄にするため霊山を遍歴する修行の実践者をさすようになった。深山に定住するのではなく、山々を遍歴する修行法は「抖擻《とそう》」と呼ばれ、大峯、熊野が有名である。近畿圏以外でも白山（石川県）、彦山（福岡県）、羽黒（山形県）などの霊場が知られる。こうした抖擻の実践者たちが「山伏」と呼ばれたのだが、役小角を開祖とする「修験道」としてまとまっていくのは、鎌倉時代中後期かららしい。

これまでも何度か触れてきたが、「修験」とは修行で得られた通力や効験のことをさす。通力を持つ僧は「験者」として都に招かれ、さまざまな祈祷に従事することを期待された。つまり病気治療や所願成就など、現実に何らかの効果を発揮する力を「修験」とよぶ。それが山岳修行に特化し通力を得た修行者、すなわち「山伏」をさす「修験者」、行法や宗派をさす「修験道」という呼称になっていったのである。

では修験道が体系づけられる以前の山伏は、どういったものだったのか。近年著しく進んだ宗教史の成果に学びながら、修験道の成立史をダイジェストしておこう。(19)

修験と山伏

誤解のないようもう一度述べれば、もちろん日本には古代から山岳修行者がいた。『日本書紀』や『日本霊異記』で語られる役小角の伝承は、奈良時代の山岳修行者の原像を伝説的に語るものだろう。

平安時代初期に成立した『日本霊異記』のなかで役小角は「優婆塞《うばそく》」、すなわち有髪の仏教修行者として語られる。「山伏」や「修験」の祖と位置づけるのはもう少し後の資料だ。小角は賀茂氏の出身で孔雀明王の呪法を修得し、鬼神を駆使して葛城山と金峯山の間に橋を架けようとしたため、葛城の一言主神《ひとことぬしのかみ》の訴えによって伊豆諸島に流されてしまう。しかし昼は天皇をはばかって囚われていても、夜には自由に飛行し、富士山で修行した。また大陸に飛来し、法会を聴聞したこともあったという。

役小角のように深山で一人修行する聖には、鬼神を駆使したという神仙伝に近い伝承が定番として語られる。しかし平安時代には修行の拠点となる山林寺院が整備され、聖もまったく孤立した存在ではなかった。つまりいわゆる「山伏」にも、寺院での定住と山野の遍歴、ふたつの側面がある。かつては遍歴から定住へ、時代とともに変化すると考えられていたが、大峯の回峰行など、山岳修行を終えた行者が都で験者として活動し、僧職を得て寺を開くこともある。むしろ定住と遍歴をくり返す存在というべきだろう。

さらに近年の研究で山伏の組織的側面も明らかになっている。平安時代には貴族社会で熊野や吉野・大峯への参詣が流行し、経験豊富な修行者によって有力者の参詣を指導、サポートする体制が組織されていた。寺院を運営する学侶クラスに対する現場の実践者を「行人《ぎょうにん》」と呼び、特に先導役のベテランを「先達」と呼ぶ。行人たちは過酷な修行を実践する修行者で、貴族や高僧の従者としても活動したが、僧兵として暴力行為を担うこともあった。いわば体力勝負の下部構成員である。また熊野では「先達」のほかに、宿泊の世話や参詣の所作を指導する「御師」が活動し、全国に信仰を広めた。

園城寺派の門跡寺院、聖護院を開いた増誉《ぞうよ》（一〇三二～一一一六）は、白河上皇の熊野行幸（寛治四年、一〇九〇）をきっかけに熊野三山検校職に任じられたという。熊野検校職は全国の山伏を統括する役割とされるが、初期の実態は明らかではない。

しかし平安時代末期から鎌倉時代にかけて、各地で実践されてきた山岳信仰が吉野・大峯・熊野を中心に統合されはじめた。このころ成立した『今昔物語集』や『諸山縁起』では「修験」を山岳修行の意味でもちい、役小角を「修験」の開祖として位置づけている。修験道成立の黎明期である。各地で個別に行なわれていた山岳修行がひとつの教えとして、寺院社会のなかに位置づけられていくのである。

もちろん山野を往来する山伏には、寺の支配とは別に独自のネットワークがあり、相互の交流があったようで、組織化は簡単には進まなかった。「修験者」である山伏は、求めに応じて民間でも祈祷をおこない、火伏せ、病気平癒、雨乞い、豊年、などさまざまな現世利益に応える、雑多な信仰の担い手だったと考えられる。

すこし変な例えかもしれないが、民間宗教者というのは、いわば〈町の電器屋さん〉のような商店である。利用者に近く、家に上がってテレビを直したり、電池交換をしたりしてくれる、頼もしい存在だ。要望に応じて柔軟に、時には分野外の雑誌や食料品でも扱ってくれるが、新商品やＩＴ関係の詳しい知識には不案内かもしれない。中世における修験道の統制とは、いわば中央がこうした地元に密着した町の商店をゆるやかにフランチャイズ化し、組織化していくことだったと考えてよいだろう。

聖護院は南北朝時代に一度途絶する。二十世道意《どうい》（一三五八〜一四二九、関白二条良基の子）によって再興されたあと、室町幕府を後ろ盾として段階的に山伏の組織化を進め、修験本山派をまとめる。独立した「修験道」の確立は、およそこの時期と考えられる。

これに対し南都興福寺系の修験集団は別派をたて、のちに真言宗の醍醐寺三宝院の管轄に組み込まれて当山派を称するようになった。江戸幕府は聖護院（本山派）と三宝院（当山派）を修験の本山として認め、地方修験を総括させていくことになる。

魔法修行者、細川政元

室町時代における修験道成立のキーパーソンとして、細川政元《ほそかわまさもと》（一四六六～一五〇七）に注目したい。政元は十年続いた応仁の乱で東軍主将だった細川勝元《かつもと》の嫡男である。

政元は父の死後、わずか八歳で家督を相続、十八歳で幕府の政務を統轄する管領職に任じられたあと、短期間に辞退と就任をくり返す。この間、九代将軍足利義煕《よしひろ》（義尚とも）が六角攻めの戦陣で没し（延徳元年、一四八九）、日野富子に擁立された義材《よしき》（義植とも）が将軍になるも、政元が関東から義澄《よしずみ》（十一代将軍）を擁立し、明応二年（一四九四）に政権を奪還する、という怒濤の展開がある。

政元は内外に不安定要素を抱えながら細川家の権勢を確立したが、永正四年（一五〇七）六月二十三日、自邸で近臣たちに殺害された。政元には実子がなく九条家、阿波細川家それぞれから養子を迎えており、そのため後継者争いが激化して殺されたのだった。

政元に実子がなかったのは、修験道に傾倒して四十歳まで女人を近づけなかったためという。その奇行ぶりはのちに成立した軍記『足利季世記《あしかがきせいき》』などに詳しく記される。それによれば政元は、司箭坊《しせんぼう》という修験者から「魔法飯綱ノ法アタコノ法」を学んで自ら山伏の格好をし、祈祷を行なったといい、その姿は「見ル人身ノ毛モヨタチケル」という。魔法を行ない空中に浮いた、などと描写される政元に対しては、明治の文豪、幸田露伴《こうだろはん》も関心をもち、短編『魔法修行者』のなかで詳しく紹介している。

政元の奇行は同時代資料でも確認できる。摂関家の有力者九条尚経《くじょうひさつね》は、司箭坊を京に招いた政元が東福寺の道場で

張良化現大天魔源義経神

と小字書した短冊を本尊にまつり、酒宴を行なっていたという怪しい噂を記す（『後慈眼院《ごじげんいん》殿御記』明応三年九月二十四日）。

二人が信仰したらしいご本尊の正体は謎。張良は漢の高祖劉邦を支えた伝説的名軍師。張良の化現が義経であり、大天魔でもあるというから、おそらく兵法成就の神なのだろうが、いかにもカルト宗教めいたネーミングだ。政元やその周辺が、当時の公卿たちに相当気味悪がられていた様子がうかがえる。

従来、こうした奇行は、政元個人による趣味として片づけられていた。ところが、このエキセントリックな印象を一変させたのが末柄豊氏による研究である[20]。

末柄氏によれば司箭坊という人物は、安芸（現在の広島県）の国人（在地武士）宍戸氏の出身、愛宕山や鞍馬寺で修行し、兵法に通じると評判だったらしい。政元は修験のネットワークを通じて在地の国人

勢力との関係を築いていたようなのだ。また、司箭坊を招く以前の延徳三年（一四九一）、奥州・東国修行と称してみずから越後国に入っているが、この行軍には山伏を随員とし、姿も山伏風に装ったといわれる。末柄氏は、ここで守護上杉房定と会談を行い、関東の政局について話し合ったと指摘している。

末柄氏の研究によれば、修験道狂いの奇行と見られてきた政元の行動は、大寺院に属さずに全国的なネットワークをもつ修験集団を、私兵・諜報機関として独自に組織していた可能性がある。すなわち応仁の乱以後に求心力を失っていた幕府再興の手段だったわけで、軍記で語られたおどろおどろしい印象は話半分にとらえる必要があるようだ。

政元と愛宕山信仰

政元の愛宕信仰を支えた司箭坊は、「大天魔源義経神」を奉じる兵法者でもあった。天狗説話の担い手として、これほど相応しい人間はいない。果たして司箭坊は現在、太郎坊とともに愛宕神社の末社でまつられる天狗の一人となりおおせている。

政元は、愛宕社や鞍馬寺で積極的に法楽歌会も開催している。法楽歌会は神仏に対し和歌を奉納する儀礼で、北野天満宮や住吉大社など、歌に関わりの深い寺社で行なうのが通常である。愛宕の本尊は勝軍地蔵、鞍馬は毘沙門天、ともに武運を司り、政元以前に法楽歌会が行なわれた形跡はない。しかし政元主催の歌会は公家のトップである三条西実隆も参加しており、政元の修験道びいきが社会的に受容されていたとみるべきだろう。

改めて愛宕神社の縁起を見てみよう。相国寺長老、横川景三《おうせんけいさん》（一四二九～九三）が延徳四年（一四九二）に執筆した文章では、その創建は役小角と泰澄にさかのぼるという。

縁起にいわく、文武天皇の時代、大宝年間に役小角と雲遍上人（泰澄）が山に登り、清滝に至ったところ雷鳴とどろき豪雨が車軸のように降った。二人が秘呪密言を唱えると日がさし、地蔵、龍樹、富楼那、毘沙門、愛染の五仏が出現した。また大きな杉の上に天竺の大夫・日良、唐土の大夫・善界、日本の太郎坊（一名栄術太郎）がおのおの眷属を率いて出現し、九億四千万余の天狗が仏命によってこの山を領し群生していたことを告げて姿を消した。二人は杉の樹を清滝四所明神とし、滝の上に千手観音をまつった。雲遍は改名して泰澄と名乗り、開山第一祖となった。光仁天皇の時代に慶俊僧都を中興とし、和気清麻呂が白雲寺を建立した、云々[21]

これは白雲寺修造に際し願主信孝の求めに応じて書き上げたもので、愛宕寺僧の懇請により特に署名した、とする。前半で愛宕山白雲寺の縁起を引用し、後半では愛宕の神は内面は菩薩だが魔王の姿で仏法を守護し、天下衆庶の信仰対象だと称えている。

すでに述べてきたように、愛宕山の古い信仰は法華経読誦の道場や、葬送地の信仰が主だった。縁起を信じれば白雲寺は大宝年間（七〇一～四）創建ということになるが、修験信仰が入り込むなかで開祖である小角、泰澄を利用したと考えるのが自然だろう。

愛宕山の信仰史をまとめた近藤謙氏は、「室町幕府にとって新たな守護神として信仰を集めつつあった勝軍地蔵を、有力な庇護者である細川政元の信仰に応じて愛宕白雲寺側が本地仏として取り入れた可能性」に言及している。[22]

史料で確認されるかぎり、愛宕に足利家が関わるのは、長享二年（一四八八）からという。このとき、九代将軍足利義尚は近江（滋賀県）の六角氏と交戦しており、戦勝祈願として愛宕社・野々宮社へ神馬を奉納している（『実隆公記』同年四月二十七日）。

足利将軍家は尊氏以来、地蔵信仰に熱心だったが、戦勝祈願の神として勝軍地蔵信仰が目立つようになるのは十五世紀からであり、坂上田村麻呂ゆかりの清水寺と並んで愛宕社が重視されていくことになる。政元と特定できないとしても、この時期に修験とともに勝軍地蔵信仰が整備され、新たな縁起を創出したと考えてよいだろう。

「白雲寺縁起」に「大夫」として登場する唐の「善界」、天竺の「日良」は、絵巻『是害房絵』の天狗の名称に通ずる。日羅とは歴史的には六世紀ごろ活躍した朝鮮半島出身の武人の名前であるが、聖徳太子伝承に取り込まれ、百済から招かれた高僧として語り直された。日羅が天狗とされた理由はよくわからないが、時代が下って戦国時代には、愛宕権現すなわち勝軍地蔵こそ、日羅の転生した姿であるともされる。

江戸幕府の儒学者、林羅山『本朝神社考』には、徳川家康が顕密の高僧に対して「この神（愛宕権現）は聖徳太子の師日羅なり」と言ったのを、身近に聞いたと記している。[23]

また慶長の役で捕虜となり日本の風俗を記録した朝鮮儒者 羌沆《きょうこう》の手記『看羊録』にも、

新羅人日羅が倭にやって来ましたが、倭人はこれに尊事して大〔太〕郎房としました。死んでからは愛宕山権現の守り神として尊び祀られ、銭や米を擲げて福を求める者が今でも〔多数やって来て〕輻輳し、神門がうずまってまるで市の〔立つ日の〕ようであります。〔加藤〕清正などがもっとも甚だしく鬼〔神〕を尚ぶのであります。(24)

という記述がある。戦国武将に信仰された戦勝祈願の神、愛宕の勝軍地蔵は、日羅の後身と語られていたのである。

室町の修験道文化

細川政元が制作に関与した『槻峯寺建立修行縁起絵巻《つきみねでらこんりゅうしゅぎょうえんぎえまき》』（土佐光信筆）には、日羅が天狗を退治する側に登場する。これは剣尾山月峯寺（大阪府豊能郡）の縁起絵巻だが、百済出身の僧日羅が聖徳太子から異国調伏にふさわしい霊場を捜索するよう命じられたところ、摂津の山奥に光を放つ槻木《つきのき》の大木を発見、千手観音像を造り、槻峯寺を創建したと語る。この山は天狗の来遊する魔境だったので、魔を封じる唐櫃石を据えたという。

奥書によれば絵巻の成立は明応四年（一四九五）七月。政元が管領に返り咲いた時期である。美術史家の高岸輝氏によれば、この絵巻からは政元の修験道信仰がうかがえるだけでなく、瀬戸内海を一望しつつ、細川氏と対立した西国の大内氏を「調伏」しようとする意識が反映されているという。(25)天狗を調伏するほどの修験の力をもって、大内氏に対抗しようとしていたわけである。

畿内や九州地方には日羅を開基とする山岳霊場の縁起がいくつかあり、聖徳太子伝承と関わって高僧として伝えられた。またここで調伏された天狗たちが高下駄を履き、斧や杖を手に飛び交う様子は、山野を遍歴する修行者の実態を反映したものだろう。日羅に従って寺を守護する点も、ときに暴徒とも化す行人僧の面影がある。下級の修行者たちはこうして、調伏される側の天狗と重ねられていったのだ。

政元が支援した能作者、金春禅鳳《こんぱるぜんぽう》（一四五四〜一五三二？）にも、天狗物こそないが修験道をモチーフにした能作品がある。吉野の蔵王信仰にもとづく『嵐山』、中国の神仙思想と山岳信仰とを重ねた『東方《とうほう》朔《さく》』などである。世阿弥以後の能は、享受層の拡大とともに素材も拡張され、新しい信仰、知識が次々に取り入れられていた。禅鳳が修験道を作品に取りいれた時代に、『鞍馬天狗』のように天狗を守護者と位置づけた作品が生まれた。ここに天狗説話は大きく変化した。

これまで天狗説話を担っていた仏教者は、排斥し、批判する対象として「天狗」という名称を使ってきた。「天狗」というレッテルは、仏法に対立する悪霊や、異端の教えを広める宗教者、あるいは修行に失敗した者に対して貼りつけられた。ところがさまざまな秘儀、秘説をふまえて「魔仏一如」の論理が定着したのち、修験道においては、天狗は山岳修行や兵法の守護者、従者として再定義され、その解釈が広まっていくのである。

4　天狗は笑う

『古今著聞集』の天狗

崇徳院や後鳥羽院の怨霊伝承と絡みあう『明月記』の伊勢法師に関する記事は、のちに橘成季編の説話集『古今著聞集』巻十七にも採録されているが、細部に違いがある。

仁治（一二四〇～四三）のころ、伊勢から上京したある法師が、同郷で知り合いの山法師に出会って同行したのだが、いつの間にか意識が混乱し、大和、京を連れ回されたり、刀を売って酒を買わされたりした。そのうち山の中で恐ろしげな目つきの老山伏一行に出会い、すれ違いざまに老山伏は「つまらないことをするな」と山伏を叱責した。あとで法師が聞くと「あれが、たてる房である」と答えた。法師は正気を失ったまま清水寺の鐘楼に縛りつけられ、発見されてから顛末を語った。

成季『著聞集』は、貴族日記など古記録から説話記事を集めているのが特徴で、この説話も、直接か間接かはわからないが『明月記』記事をもとに書かれたようだ。しかし、ふたつの記事は年号が異なり（『明月記』安貞、『著聞集』仁治）、十数年のずれが生じている。この違いをどう考えるべきか。

小峯和明氏は「仁治」は隠岐で没した後鳥羽院の慰霊が行なわれた時期に重なることに着目し（仁治三年七月に後鳥羽院追号）、院の怨霊を意識して仁治年間にずらしたのではないかと推測する。[26] しかし、説話本文に怨霊を意識した表現はみられない。『著聞集』にはほかにも仁治年間の説話がいくつか収録されているが、どれも後鳥羽院とは関連が薄く、後鳥羽院怨霊への意識は読み取れない。

木下資一氏によれば、安貞元年と仁治元年は、どちらも比叡山衆徒が念仏宗への弾圧を行なっていて、そのため年次を混同して筆写したのではないかという。(27) 大いにありうる説で、『著聞集』説話は、むしろ『明月記』が持っていた怨霊たちの影を消して、天狗説話に仕立てたのではないだろうか。

伊勢の法師が出会った「たてる房」という老山伏も『明月記』に記述がない。詳細は不明だが、もしかすると「たてる房」は「たらう坊」の誤記かもしれない（房と坊は同義。「たてる」と「たらう」はくずし字が似ている）。どうも『著聞集』説話には、同時代の噂話を記録した『明月記』記事よりも、天狗同士の会話など、キャラクター化させて楽しんでいるフシがある。時代が下るせいか、怨霊への恐れは感じられない。

もうひとつ、『著聞集』の天狗説話と古記録の記事を比較してみよう。同じく巻十七「変化」に収められた説話である。短いので全文を引用する。

> 久安四年の夏の比、法勝寺の塔のうへに、夜ながめける歌、
> われいなばたれ又こゝにかはりゐむ　あなさだめなの夢の枕や
> 天狗などの詠侍けるにや。(28)

久安四年（一一四八）、法勝寺の塔の上から歌がきこえてきた、天狗などが詠んだものであろうか、というもの。歌の内容も「私が去ったら、誰が代わりにここに居ることになるのか、ああ、なんとも定め

ない夢であったよ」という何やら謎めいたものである。

この説話の出典は藤原頼長（一一二〇〜五六）の日記『台記』久安四年五月二十日条であるとされる。

二十日丁丑、京師訛言、法勝寺近衛塔、夜々歌云、
ワレイナバ、タレマタコ、ニ、カハリヰン、アナサダメナノ、クサノマクラヤ

これによれば京中の噂で法勝寺の近衛塔において、夜な夜な歌が聞こえるという。歌は結句が異なっており「なんと定めない旅の身の上であるか」となる。

法勝寺は現存しないが、白河天皇の勅願により建立された御願寺で、六勝寺のひとつ。もと藤原氏の別業（別荘地）に建てられたので藤原氏ともゆかりが深く、のちに天台座主慈円は「国王の氏寺」と呼んだ。寺に建てられた巨大な八角の九重塔は京のシンボルとなっており、『台記』記事は、都のランドマークを舞台とした、一種の都市伝説であった。

おそらくこの噂は、天皇家や藤原摂関家の威勢が弱まり、権力が失われることへの予感として、京の人々に受け取られたであろう。「草の枕」には、都を去りゆく旅人の心情があらわれ、「夢の枕」よりも哀切である。

『台記』の筆者頼長は、天皇を愛宕山の「天公像」を使って呪詛したと噂されたが（久寿二年）、都では天皇家と藤原氏との対立が深まり、世情の不安をあおる噂が飛び交っていた。しかし注意すべきは、『著

聞集』説話では「塔の上」から声を長く引いて吟詠したという、はじめから人間以外の作者が想定されているのに対して、『台記』久安四年の記事には「天狗」の表現が見えないことである。つまり歌の作者は不明なのだ。両者の表現は微妙なところで、まったく異なった志向を持っている。

作者不明の『台記』歌は、都を去ろうとする権力者の不安を感じさせる。都市民の不安、世論の反映といってもいいだろう。一方で『著聞集』説話では主体が「天狗」と名指され、浮き世離れした、人間ではないものが社会不安を代弁した風情である。

さらに『著聞集』の天狗説話は、巻十七「変化」に収録されている。「変化」篇に収録されたほかの説話は、宮中に出現した鬼の足あと、皆瀬山の古池に出た古狸、観教法印から守り刀を奪って逃げた怪しい唐猫など、いわゆる化物譚が多い。ほとんどは古記録や歴史書から記事を引き抜いて構成されているが、意識的にか無意識か、原資料の文脈からは逸脱してしまっている。そこでは古記録で跳梁した「魔」とは異なる、新たな「天狗」のキャラクターが生み出されつつあった。

天狗笑い

仏教と関わらない天狗の怪異は『平家物語』「物怪沙汰」にも語られている。

福原へ遷都したのち、平家の人々は夢見も悪く、落ち着かなかったが、ある夜、入道（清盛）の寝所に部屋いっぱいの巨大な顔があらわれた。清盛が睨みつけるとすぐに顔は消えたが、怪異はなお続き、新しい御所で大木の倒れる音がして、二三十人ほどが「どっと」笑う声がした。まさに天狗のしわざだと評議があり、衛士に夜昼となく当番で魔除けの鏑矢（蟇目）を射させた。しかし、声のするところへ射ても音もせず、いない方へ向かって射たときにはどっと笑い声がするなど、翻弄されるばかりであった。[29]

天狗笑いというのは近代でもよく語られる。山仕事をしている人が、誰もいない山道で大きな笑い声を聞くと天狗の笑い声だという。また、木の倒れる音がしたが何もなかった、山で音曲が流れてきたなど、音にまつわる怪異を天狗の仕業と語ることは多い。

天狗おとしというのは突然何もない晴天に俄かに物凄い大暴風が起ったように大音響が山々に谺するのである。午前中に多く場所は豊前坊付近が一番多いといわれている。（福岡県田川郡添田町[30]）

南谷で笛や太鼓の音をよく聞くことがあった。これを天狗の太鼓という。太鼓の音が聞こえるときは天狗さんの喜嫌が良い。（滋賀県高島市朽木[31]）

この「物怪沙汰」は『平家物語』諸本のなかでも、琵琶法師によって整えられた語り本系にのみある。より民間に近い場で語られていた説話が、近現代の民間伝承につながる怪異と類似している点は興味深いが、異なる点も注意したい。『平家物語』では怪異は福原遷都の強行と関連し、都の人々の不安を具現化したものとして解釈されている。ただ通りすがりの人が誰もいない山道で出会った怪異とは違い、天狗の高笑いは、平家の悪行を印象づけ、天狗＝「魔」の横行する末法の世界を強調しているのだ。

『古今著聞集』の法勝寺の天狗説話もまた、姿のない音（声）の怪異だった。この説話の特徴については民俗事例ではなく、『今昔物語集』巻二十七第二十八話「於京極殿《きょうごくどのにおいて》、有詠古歌音語《ふるうたをながむるこえあること》」と比較するとわかりやすいかもしれない。

今は昔、上東門院（藤原彰子、道長の娘）が京極殿に住んでいたときのこと。三月の二十日ごろ、南面の庭の桜が花盛りになったのを上東門院が眺めていると、

こぼれてにほふ花さくらかな

と古歌を吟詠する神々しい声が聞こえた。「何なる人であろうか」と御簾の内からうかがったが、何者の気配もなく、人を呼んで調べたが誰もいなかった。鬼神などが言ったことか、と怖れて関白（頼通）に申しあげたところ、「いつもその場所ではそのように詠じられているのです」と返事があり、いよいよ怖ろしく思った。これは狐などではなく、何者かの霊がこの古歌を思い、花を見るごとに詠うのだろうか。それにしても夜ならばともかく、霊が昼に声をあげるとは怖ろしいことだったが、何者の霊とも知られぬ、と語り伝えているという。

桜にちなんだ古歌を吟詠する声を「鬼神」や「物の霊など」の仕業とし、何かいわれがあると推測したが、特定できなかった。関白の対応をみても調伏や鎮圧を行なった様子はない。美しい桜に魂を奪われることがないよう用心せよ、という警告として受け取ったのかもしれない。同じ話は『俊頼髄脳《としよりずいのう》』にもおさめられており、秀歌にまつわる逸話として歌人に知られていたようである。

これが『台記』のように「国王の祖霊」であれば、何らかの警告として響いたかもしれないし、『著聞集』のような「天狗」でも戦乱の予兆などと恐れられただろう。何者とも知れぬ「鬼神」「霊」と判断されたからこそ、桜を愛でる風流な逸話となりえたのだ。

ちなみに平安時代成立の『うつほ物語』に、山の中で聞こえてきた琴の音を、こんな山奥で誰が奏でているのか、天狗か仙人か、と話し合う場面がある。実際の演奏者は主人公俊蔭の娘とその子で、これが一夜だけちぎった右大将兼雅との再会につながる。天人に比すべき達人の演奏が山で聞こえる不思議さを、人を惑わす天狗の技と疑った表現で、天狗説話の類型が成立していたことを思わせるが、中世的な不安との関わりは薄い。

よく似た怪異であっても、その主体をどう解釈するかということが、時代背景や文脈と密接に関わっている。天狗説話はなぜ「天狗説話」と理解されたのか。言葉遊びのような問題設定だが、その問いこそ重要なポイントだ。

瘤取り天狗

同じ鎌倉時代にはまったく別の天狗説話も語られている。『五常内義抄』という本から紹介しよう。

片方の額に瘤のある法師が山中の御堂で一夜を過ごしていたところ、天狗が多く集まって田楽を踊り始めた。見つかるよりはと思い切って一緒に踊ったところ気に入られ、また必ず来いと約束して質に瘤をとられた。家に帰ると妻子もおおいに喜んだ。隣にいる、同じように瘤のある法師が同じ御堂に行き同じように躍ったところ、「神妙である、質を返そう」と言って瘤を左右に付けられてしまった。家に帰り妻子と嘆いたが、やはり他人の話を聞き耽って真似はすべきでない。

いわゆる昔話「瘤取り爺」の類話だ。よく知られた昔話では、瘤をとるのは鬼で、取られるのはお爺さん、場所は山のなかで鬼の宴会に遭遇する、というタイプだろう。このタイプは同じく鎌倉期成立の説話集『宇治拾遺物語』にも収録されている。文献に書かれたのが先か、昔話のような民間伝承が先だったのか、それはわからないが、かなり古くから書物でも口頭でも伝わり、広まっていた話のようだ。

昔話にも天狗がお爺さんの瘤を取るタイプがある[32]。青森、岩手、新潟、熊本、大分などで報告例があり、分布圏からみて、これもかなり古くから伝わっていたらしい。天狗タイプの瘤取り説話でもっとも早い『五常内義抄』は、作者不明だが、文永二年（一二六五）ごろの成立とされる。仏教でいう五戒（殺生戒、偸盗戒、邪淫戒、妄語戒、飲酒戒）と儒教でいう五常（仁義礼智信）とをむすびつけて徳目の規範を述べる、教訓書の一種である。説話らしい説話は少ないが、ここでは民間伝承らしき「瘤取り爺」ならぬ「瘤取り法師」の話から「安易な人まねをすべきでない」教訓を導いている。

昔話研究の成果が明らかにしたように、実は「瘤取り爺」と似たタイプの昔話は、日本全国はもちろん、ドイツやアイルランドなど世界中に分布している。グリム童話では「小人の贈り物」というタイトルで知られているが、要約すれば

1、瘤など身体障碍に悩んでいた主人公が、

2、不思議なもの（鬼や天狗、小人）の宴にまぎれ込み、

3、踊りや音楽を披露したお礼に瘤をとってもらう
4、(真似をした人が失敗し痛い目にあう)
という内容で、お礼がお金になる場合や、4の失敗譚が語られないバージョンもあるが、基本の枠組みはよく似ている。井村君江編訳『ケルト妖精物語』(ちくま文庫)から要約して紹介してみよう。

むかし、アイルランドのアッハロウの谷間に、ラズモアという小男がいた。ラズモアの肩には大きな瘤があった。町に出かけた帰り道に、ノックグラフトンの古墳にさしかかると、地上のものとは思われない、不思議な歌声が聞こえてきた。耳を澄ますとその歌は「月曜、火曜日、月曜、火曜日」とくりかえしていた。熱心に聞いていると声は古墳から聞こえるのだった。ラズモアはすっかり歌に魅了されたが、くり返し同じ旋律だったので、同じ調子で「それまた水曜日」と後を付けた。すると歌をうたっていた妖精たちが喜び、古墳のなかにラズモアを連れて行き、背中の瘤をとったうえ、上等の真新しい服までくれた。

ある老婆が、友だちの息子が同じく瘤もちだったので、ラズモアに話を聞いて、その母親と一緒に男を車に乗せてノックグラフトンへ運んでいった。夜になって「月曜、火曜日、月曜、火曜日、それまた水曜日」と以前に増して楽しげな歌が聞こえてきた。はやく瘤をとってほしい男は、歌の拍子とか調べの気分などおかまいなしに「それまた水曜日、それまた木曜日」とがなりたてた。歌を邪魔された妖精たちは怒って、男を古墳に引っ張り込むと瘤を二つにしてしまった。朝になって母親と友だちが探しに来たが、男は半死半生の状態で、瘤の重みと長旅がもとで死んでしまった。

日本の昔話とよく似ていることに驚いた人もいるかも知れない。ここではアイルランドらしく「妖精」が登場する。世界のバリエーションをみると、鬼や天狗、ケンモン（沖縄のお化け）、小びとや妖精（アイルランド、ドイツなど）、魔女（フランス、イタリアなど）など土地によって現れるものが違う。語り手にとっては〈超常的な存在に出会って思いがけず恵みをうけた（瘤をとってもらった）〉という枠組みが重要なので、極論すれば人間でなければ何でもいい。

ところが『五常内義抄』にとって「天狗」は、鬼や妖精とは変更できない文脈のつながりがある。大寺院に所属せず、田楽など芸能を演じたり、祈祷を引き受けたりする田楽法師という存在に密接につながっているからだ。山伏に限らず、下級宗教者は、妻子をもって民間で生活しているものが多く、異端視されてもいただろう。田楽・法師・天狗という組み合わせは、きわめて中世日本的な、完成された組み合わせだということになる。

『五常内義抄』は、真似をした法師が考え無しに人まねをしたことをいさめ、教訓書らしいオチをつけたが、仏教的な教訓譚とはしなかった。ここでの天狗たちは、仏教修行をさまたげる天魔ではなく、アイルランドの「妖精」のように人知を超えて恩恵をもたらす存在だ。おそらくこの説話は、専門の仏教者が関わらないところで語られた説話だろう。昔話に近いのもそのためで、こうした天狗説話には、きわめて中世日本らしい特徴と、世界的な広がりの、相反する性格をあわせ持っている。

さらに中世天狗説話の広がりを見ていこう。鎌倉時代後期に成立したとされる『神道集』は、安居院《あぐゐ》流唱導にかかわって全国の寺社縁起を集成した資料である。このなかの一篇、信州諏訪大社の由来を語る『諏訪縁起』では、「和讒《わんざん》第一の者」伊吹山の難杖坊に妻春日姫をさらわれたことから、甲賀三郎の長い冒険譚が始まる。「和讒」とは中世語で、一方に取り入って告げ口をすること、また無理難題をふっかけること、無法なさまをいう。

同じく『神道集』「八箇権現事」では天狗が月塞という美少年をかどわかしたことから、少年の父である国司が、少年に懸想した寺の僧たちのしわざだと勘違いして争いが生まれ、多くの人々が死んだと語られる。天狗が稚児をさらう趣向は能『花月』にも見られた。室町時代成立の『児今参り《ちごいままい》』も、主役の稚児が天狗にさらわれ、恋人の姫君が天狗の母親である尼天狗の助けを借りて稚児を助け出すという展開がある。

こうした無法ぶりは、現実に大寺に属していた下級の行人や僧兵をイメージしたものなのだろうか。さかのぼると、物語文学史に燦然と輝く異色作、平安時代後期から鎌倉時代初期に成立した『とりかへばや』にも「天狗」の影がある。本作は大納言を父とする異母きょうだい（兄妹か姉弟かははっきりしない）として生まれた男女の性格が逆転していたことで女君は男装して公卿、男君は女装して姫として出仕し、親から「とりかえたい」と嘆かれながらも波乱の人生を歩む物語である。

男らしさ、女らしさを取り違えて生まれたきょうだいという、トランスジェンダーの視点に通じるテーマをもつ作品として人気が高いが、実は二人の性格を入れ替えたのが天狗のしわざだった。それが明らかになったのは、きょうだいがともに失踪し、嘆く父の大臣の夢に貴げな僧があらわれ、きょうだいの因縁を語る場面である。

昔の世よりさるべき違ひ目のありし報いに、天狗の、男は女となし女をば男のやうになし、御こころに絶えず嘆かせつるなり。その天狗も業尽きて、仏道にここらの年を経て多くの御祈りどものしるしに、みなこと直りて、男は男に女は女に皆なりたまひて、思ひのごと栄えたまはんとするに、……(33)

父の前世に間違いがあった報いとして、天狗が男を女とし女を男のようにして悩ませたのだったが、その業も尽き、またきょうだいの身を案じて仏道への祈りを深くしたので、すべてはもとにもどり、繁栄するだろうという。その言葉通り、まず男君が帰り、女君の無事を告げることになる。

現在伝わる『とりかへばや』は改作を経たものといわれ、旧作に対し『今とりかへばや』ともいわれる。旧作は残っていないが、現存のものよりもさらに荒唐無稽で、ややグロテスクな内容だったらしい。天狗に関する記述がいつからあるかは定かでないが、天狗のいたずらが物語の起点となるアイディアは『神道集』や能『花月』に継承され、やがて民間伝承の妖怪に近づいていく。

ちなみに、さいとうちほ氏の漫画『とりかえばや』(小学館、二〇一三～二〇一八)ではこの天狗の設定をうまく利用し、現代的に読み替えている。物語に刺激を与える天狗の性質は、王朝物語から中世を経て、現代にも活かされているようだ。

もちろんこれらの天狗説話は、いずれも中世社会の枠組みのなかで規定され、直接間接の差はあるが、中世仏教の影響下に語られている。興味深いことに、天狗は同時代の物語に登場する酒呑童子や九尾狐のような化け物たちと違って、完全に退治されるということがない。「いたずら者」ではあるが、やはり仏道に近い存在なのだろうか。

天狗説話の変容

平安時代末期から鎌倉時代初期、中世のはじまりとともに天狗説話は最初の隆盛期を迎えた。仏教説話や日記資料で恐れられる天狗たちは、人をかどわかしたり、魔道にいざなったり、動乱期の不安を象徴する魔物である。社会秩序が大きく変動しはじめた時代に、天狗はあらゆる場面で想起され、語られた。

もともと天狗は正しい知識と修行が備わっていれば、恐れるべき存在ではなかった。ところが中世には修行者を悩ませる存在として成長し、魔道への関心が強まる。仏教者たちは魔道の住人との交渉をこころみ、その知見を記録した。そこでは魔道すら仏道へ至るための方便とする「魔仏一如」のような逆説さえ生まれる。

一方で人をかどわかしたり、だましたりするという天狗の性質は、もっと卑俗な形でも人々に語られ、仏教修行とは関わらず怪異現象を引き起こす「いたずら者」をも「天狗」として語るようになった。

中世を通じて天狗説話は、さまざまな秘説に結びついて用法の範囲を広げた。すなわち魔道に苦しむ死霊や政治的敗者の怨霊が、現世の秩序を揺るがす魔王などと表象され「天狗道」に関連付けられた。一方で世俗に混じって生活する下級の宗教者、卑近な怪異現象をもたらす妖怪も「天狗」のレッテルをはられ、攻撃の対象となった。それぞれの理解のなかで「天狗」は具体的なキャラクター性を備えていくが、特に中世後期には山岳修行者の信仰と結びつき、いっそう造形、性質を確立していく。

南北朝から室町時代にかけて整備された修験道では、山岳修行者たちに奉仕する存在として、あるいはもっと積極的に守護する存在として、天狗を信仰のなかに位置づけた。修験とかかわる寺社縁起では天狗（魔）を山岳霊場の由来にむすびつける例が増え、芸能にも反映された。

能『鞍馬天狗』の影響が指摘される幸若舞『未来記』では、天狗たちが修行者も通わぬ僧正嶽へ入ってきた牛若丸（義経）に不満を覚え「我らが住家を嘲ること、その謂れなきものを、いざや天狗の法罰をあてむ」と評定する。しかし天狗たちは、牛若丸は「不用」の者ではなく、「父母孝養」のため兵法を学んでいるのだから、慢心により天狗道にある我々も情けによって合力すべきだと結論し、かえって牛若丸に天狗の法を授け、今後起こる源平合戦のゆくすえを演じて教え、武運を祈りながら姿を消す。

ここで天狗は、魔道の存在でありながら「法罰」を当てることもある存在であり、また孝心を愛でて兵法をつかさどる存在である。柳田國男が「神の中の武人」と呼んだ侠気ある天狗像が確立している。寺社縁起や芸能を通じて生まれた新たな天狗像は、戦国期を経て江戸時代、ひいては現代の天狗像につながっていくことになる。

戦国武将と天狗

戦国時代の名将、武田信玄に天狗と遭遇したという説話がある。『義残後覚《ぎざんこうかく》』巻三第六話「小坊主宮仕のこと」は次のような内容である。

武田信玄が貴人の子だとふれこみの十五、六歳の美少年を寵愛し、小坊主として召し使っていた。あるときにわかに喧噪の声が響き、斬り合いの音まで聞こえてきた。様子を見た小坊主が、若侍たちが別室で斬り合っているようだと告げた。信玄はあわてず「長刀よりも弓を用意せよ」と命じ、矢を放った。どっと声がして退散する気配があり、物音がしなくなった。信玄は「不思議なことだ、これは予が弓矢のこと（兵法）ばかり考えていることから心中を試そうと天狗が驚かせたのだろう、人の仕業ではあるまい」と述べた。小坊主も同意したが、その夜姿を消し、見えなくなったので、信玄は「やはり魔の所行に疑いない、油断すべきではない」と言ったという[34]。

つまり「美少年」の正体も天狗で、信玄の心を試そうとしたということらしい。誰もいないところで喧噪の声が聞こえるという怪は『平家物語』を想起させるし、信玄が弓を放つときの「ひっくわへ、よっ引いて放し給へば」という表現も軍記物語の類型表現である。信玄の剛胆さを称える典型的な武功譚といえるだろう。

続いて『義残後覚』巻五第十一話「京伏見にて比丘尼相撲をとること」を見てみよう。

京、伏見が栄えていたころ、相撲の勧進興行が行なわれた。著名な相撲取りが並ぶ中、行司が群衆に向かって、立石という相撲取りと立ち会いたいものは名乗り出よとけしかけた。誰も出ようとしなかったが、やがて進み出たのは二十歳ばかりの比丘尼（尼）であった。比丘尼は熊野あたりのものと名乗り、正式に勧進相撲でとろうと提案する。面白がる群衆の声もあって、相撲が始まった。比丘尼は下に軽衫《かるさん》を着ていた。立石が大手を広げてかかったところ、比丘尼はつっと入って突き倒してしまった。悔しがる立石が今度は小さく構えていると、比丘尼は近寄って左手をとり、電光のように素早く投げ飛ばした。そのまま尼は勝ってしまった。その後、伏見で勧進相撲があるとこの比丘尼が出るようになり、醍醐、大坂にも聞こえる評判になった。ただ者ではないと恐れられたが、後には葛城山の天狗が、相撲取りの傲慢を憎んで比丘尼の姿になって相撲を取りに来たのだ、珍しいことだといわれた。

女相撲の例として参照されることもある説話である。現在の大相撲とは異なり、寺社の修造建築のための勧進興行（チャリティマッチ）で、飛び入り参加が可能だったらしい。本職の相撲取りを相手に年若い尼さんが勝って評判となり、その後もしばらく活躍したという。どうやら絵解きなどによって熊野信仰を広めた「熊野比丘尼」だったらしいことがわかるが、正体は謎で、あまりの強さに天狗といわれたようだ。

どちらの説話も天狗は信玄や相撲取り個人を相手にしており、社会の不安や戦乱の予兆として理解されるわけではない。むしろ天狗は人を試したり、傲慢さをたしなめたりする存在になっていた。

〈注〉

(1)酒向伸行『憑霊信仰の歴史と民俗』岩田書院、二〇一三年。森正人『古代心性表現の研究』和泉書院、二〇一九年。徳永誓子『憑霊信仰と日本中世社会』法藏館、二〇二二年。

(2)『日本古典文学大系 愚管抄』岩波書店、一九六七年。

(3)大隅和雄『愚管抄を読む』講談社学術文庫、一九九九年。なお田中綾子は『愚管抄』において冥衆とは神仏のみであり、慰霊によって鎮められる怨霊や調伏可能な天狗、狐狸はふくまれないと分析する。「愚管抄に見る「冥」の観念について」『文学・史学』一七、一九九五年。ただ天狗、狐狸と神仏とを見極める見識を重視していることは間違いない。

(4)『新編日本古典文学全集 太平記』小学館、一九九四～八年。

(5)伊藤聡『中世天照大神の研究』法藏館、二〇一一年。細川涼一『逸脱の日本中世　狂気・倒錯・魔の世界』JICC出版局、一九九三年。

(6)『日本古典文学大系 沙石集』岩波書店、一九六六年

(7)『延慶本平家物語全注釈』巻三、汲古書院、二〇〇七年。

(8)「比良山古人霊託」『新日本古典文学大系 宝物集・閑居友・比良山古人霊託』岩波書店、一九九三年。

(9)伊藤聡「変動する冥界」『日本宗教史5　日本宗教の信仰世界』吉川弘文館、二〇二〇年。

(10)池上良正氏は、仏教の場合は地獄や畜生道も輪廻転生のなかにあり、最終的に救済の可能性が示されているためもともと煉獄に近いものであるとして、「比較死者供養論」を提唱する。『増補死者の救済史　供養と憑依の宗教学』ちくま学芸文庫、二〇一八年。初版は角川選書、二〇〇三年。

(11)『明月記 全』国書刊行会、一九三五年。今川文雄『訓読明月記』河出書房新社、一九七七～七九年。

(12)小峯和明「『明月記』の怪異・異類―覚書として―」『明月記研究』二、一九九七年。

(13)「平治物語」『新日本古典文学大系 保元物語・平治物語・承久記』岩波書店、一九九二年。
(14)「保元物語」『新日本古典文学大系 保元物語・平治物語・承久記』。
(15)山田雄司『崇徳院怨霊の研究』思文閣出版、二〇〇一年。同『跋扈する怨霊』吉川弘文館、二〇〇七年。
(16)橋本裕之『演技の精神史』岩波書店、二〇〇三年。
(17)牧野和夫『日本中世の説話・書物のネットワーク』和泉書院、二〇〇九年。
(18)『塵袋』国立国会図書館デジタルコレクション、文化七年、乗海書写本。
(19)前掲、時枝務、長谷川賢二、林淳編『修験道史入門』など。
(20)末柄豊「細川政元と修験道—司箭院興仙を中心に—」『遙かなる中世』一二、一九九二年。
(21)この『愛宕護山修造幹縁疏并序』については玉村竹二編『五山文学新集二』東京大学出版会、一九六七年。また徳田和夫「寺社縁起と文化現象—愛宕山縁起を巡って・もう一つの是害房説話—」『中世文学と隣接諸学8 中世の寺社縁起と参詣』竹林舎、二〇一三年を参照のこと。
(22)近藤謙「愛宕勝軍地蔵信仰の形成」『日本宗教文化史研究』一七、二〇一三年五月。
(23)林羅山「本朝神社考」『神道大系論説編二〇 藤原惺窩・林羅山』神道大系編纂会、一九八八年。
(24)姜沆著、朴鐘鳴訳注『東洋文庫440 看羊録 朝鮮儒者の日本抑留記』平凡社、一九八四年。
(25)高岸輝『室町王権と絵画 初期土佐派研究』京都大学学術出版会、二〇〇四年。
(26)小峯和明『説話の森 天狗・盗賊・異形の道化』岩波現代文庫、二〇〇一年。初出、大修館書店、一九九一年。
(27)木下資一「中世天狗信仰と現代——天狗と刃物と葬祭儀礼」浅見和彦編『古事談を読む』笠間書院、二〇〇八年。
(28)『日本古典文学大系 古今著問集』岩波書店、一九六六年。
(29)『新日本古典文学大系 平家物語』岩波書店、一九九一〜三年。
(30)添田町教育委員会『昭和四十六年度英彦山民俗資料緊急調査中間報告書 英彦山の民俗』。
(31)玉木京編『朽木の昔話と伝説』朽木村教育委員会、一九七七年。

(32)大島建彦校注『新潮日本古典集成　宇治拾遺物語』新潮社、一九八五年。
(33)『新編日本古典文学全集　とりかえばや物語』小学館、二〇〇二年。
(34)「義残後覚」『新訂増補史籍集覧三九　続編第七冊』臨川書店、一九六七年。

本章の内容については以下の拙稿、および東アジア恠異学会の著作を参照のこと。

久留島元『「魔道」の成立―『扶桑略記』「大鬼道」考―』『文化学年報』六三、一〇一四年三月。

―――「『五常内儀抄』の天狗説話」廣田收編『日本古典文学の方法』新典社、二〇一五年。

―――「妖怪・怪異・異界―中世説話集を事例に―」東アジア恠異学会編『怪異学の地平』臨川書店、二〇一八年。

東アジア恠異学会編『怪異学講義―――王権・信仰・いとなみ』勉誠出版、二〇二一年。

第三章　天狗銘々伝

1　是害房の冒険

中世の天狗界は「魔道」として語られていたが、そこに暮らす天狗たちは貴族や高僧の死後の姿であった。真済や崇徳院といった人々は、あるいは天狗としての呼び名もあったのかも知れないが、現世での名称や肩書きをひきずったまま、現世にメッセージを発していた。では他の天狗たちはいつからその名を顕しはじめたのか。

日本でもっともはやく記録された天狗の固有名詞は『今昔物語集』に登場した中国大陸の天狗、智羅永寿だろう。この説話では、日本側の天狗には名前がない。しかし同じ説話をもとにした絵巻『是害房絵』では名前をもったキャラクターとして天狗が描かれている。ここではまず、鎌倉時代に成立した絵巻からとりあげて分析してみたい[1]。

是害坊登場

村上天皇の御代、康保三年（九六六）春のこと。唐（中国）の是害房天狗が愛宕山の天狗、日羅房を訪ねて飛来した。是害房は、中国では名だたる大寺、霊峰の高僧をことごとく苦しめたので、小国ながら東の仏法国として名高い日本の高僧名僧の修行をさまたげるため、同じ道の同志として協力してほしいと願うのだった。

日羅房も、日本は「粟散邊土の小国」（飛び散った粟粒のような辺境の国）ながら、自分も敵わない高僧がいるので頼もしいと応じ、さっそく比叡山へと案内した。しかし内心は「他国の天狗に好き勝手されてはつまらない。円仁、円珍、相応といったかつての高僧は験力もあらたかだったが、今はどうであろうか」と複雑な心境であった。

天狗たちは比叡山のふもと坂本で、下山する僧侶たちを待ち受けることにした。是害房は老法師に姿を変えてひそんだが、内裏へ向かう余慶《よきょう》律師からは鉄火輪を投げつけられ、尋禅《じんぜん》権僧正を守る不動の二童子からは追い立てられ、近づくことさえできない。見守っていた日羅房もあてがはずれて呆然とする。

日羅房と旧知の平山聞是房という天狗も駆けつけ、故事をひいて恥をさらさないよう諭すが、かえって発奮した是害房は三たび比叡山に挑み、大勢の天童を引き連れた良源《りょうげん》僧正に行き会う。天童たちは是害房を縄で捕らえ、手ひどく打ち懲らすと、二度と日本に近づかぬと誓わせたのだった。

ここまでが前半、『是害房絵』のもっとも古い写本である曼殊院本では上巻となる。大陸の天狗が飛来して比叡山の高僧たちに撃退されたという説話は、『今昔物語集』など先行する仏教説話集と共通する。もっとも違うのは天狗の名前である。

主人公である「是害房」の名は「是《これ》は害なり」と読むのか、あるいは「是非」というように善し悪し、善悪の意味だろうか。同時代の『七天狗絵』(『天狗草紙』)にも「是骸坊」の名が見え、ほぼ同じ説話が紹介されているので、すでに当時この名が定着していたらしい。「房」は「坊」と同じ、僧が住む寺院内の小部屋(僧坊)から転じて僧侶の通称となったもの。のちに能では「是界」「善界」「是我意」などの字が宛てられる。

絵巻冒頭(曼殊院本『是害房絵』)

すでに何度か紹介した日羅は、本来は武人の名前である。『日本書紀』によれば肥後国葦北郡(熊本県葦北郡、八代市)の豪族の子として百済で生まれ、百済王に仕えた。敏達天皇に招かれて軍事について策を献じたが、機密をもらし、敏達天皇十二年(五八三)十二月に同じく百済から来た随員に暗殺されたという。殺される時に体から光を放った、一度死んだが蘇生して会話した、などの奇瑞が記されている。

しかし聖徳太子伝説にとりこまれると、太子が師事した高僧という設定に変化する。日羅は来日すると太子を観音の化身と見抜き、お互いに光明を発して肝胆相照らした、などと語られ、のちに愛宕の勝軍地蔵になったとも伝えられた。畿内や九州には日羅の開創と伝わる寺があり、修験によって各地に伝承されたと考えられる。

平山聞是房は絵巻にしか登場しない。物部氏が仏教を滅ぼそうとしたときに仏道から外れたと自称する古豪で、日本の古い天狗説話を語り、是害房に恥をかくな、よく配慮せよと意見する。その内容は、まず染殿后（藤原明子《あきらけいこ》。八二九〜九〇〇）に恋慕した石山の行者が紺青鬼となるも智証大師に退けられ琵琶湖に身を隠した話、次に清和天皇（八五〇〜八八一）と惟喬《これたか》親王（八四四〜八九七）が帝位を争ったとき、親王方の真済が敗れて魔道におちたが、恥にはならなかったという説話。これを聞いた是害房はかえって発奮し、みたび比叡山へ向かう。

染殿后は文徳天皇の妻で清和天皇の母。紺青鬼の伝承と真済の伝承は、本来は別々だが、混同され、染殿后に恋慕した真済が紺青鬼になった、あるいは位争いに敗れて后を悩ませた、などの異伝も生まれる。ここでは石山、琵琶湖などの地名をからめ、滋賀県ゆかりの説話としてまとめている。このことからも平山は滋賀県の比良山のことだろう。愛宕山とともに古くから天狗の住む山とされている。

三人の高僧、余慶（九一九〜九九一）、尋禅（九四三〜九九〇）、良源（九一二〜九八五）は平安中期の天台僧で、いずれも祈祷に優れた験力無双の験者と伝わる。特に良源は比叡山の中興と位置づけられ、摂関家とのつながりを強くした。藤原氏出身の尋禅はその弟子で後継者、余慶は園城寺派で本来尋禅らとは対立的な立場にあるが、ここではともに比叡山で学ぶ幹部僧侶として登場する。

さて、それでは三度の挑戦にやぶれた是害房のその後をみていこう。

魔仏一如の論理

大言壮語しながら口ほどもなく打ち負かされた是害房に対して、日羅房は「小国と侮っていたのだろうが、日本は神国であり、仏教の霊跡も多い。かつて神功皇后《じんぐうこうごう》や聖徳太子が朝鮮半島に遠征して制圧したことも、我が国の仏法を護るためだった。他国に優る仏法の霊地も多いのだ」と説き聞かせ、四天王寺、金剛山、高野山、比叡山などの由来を述べたてる。この高説を聞いた是害房は大いに反省し、「傷ついた体を癒やして帰りたい」と願うと、日羅房は「賀茂社から流れる川の水を沸かして湯治をすれば、煩悩の垢が消えて罪障も消えるだろう」と教える。

かくして是害房は賀茂川の河原に運ばれ、傷を癒やすことになった。垢を流し、薬湯をのんで回復した是害房は日本の天狗たちと歌会を催し、別れの歌を詠んで本国へと帰っていった。

曼殊院本下巻にあたる内容は、要約すると短いが絵巻らしい視覚的な楽しさにあふれている。傷ついた是害房をはやしながら運んでいく天狗たちの行列は、右から左へ展開する絵巻の特性にあわせて、ダイナミックに描かれている。また風呂につかる是害房のユーモラスな姿も印象的で、展覧会で話題になることが多い。賀茂川河原の湯治とそれに続く歌会の場面は先行説話にない絵巻のオリジナルである。

下巻冒頭で、日羅房は傷ついた是害房に長々と説教を垂れる。日羅房が語る聖徳太子や神功皇后の出征故事は、現在の歴史学ではフィクションと断定されるが中世にはひろく信じられていた。日羅房は聖徳太子伝承だけでなく、特に比叡山と良源を中心とした日本仏教の威徳を称揚し、神仏習合の思想と結びつけて日本の独自性、優位性を語る。平成の日本には「天皇を中心とした神の国」と発言し、戦後憲法への無理解を批判された首相がいたが、中世日本は「仏教を中心とした神の国」だったわけである。

では、この日羅房は、なぜ是害房に日本仏教の霊験を説き聞かせるのか。また先行説話集に見られない賀茂川河原の湯治や、歌会の場面はどのように関係づけられるのか。このあたりに絵巻の構成のミソがあるだろう。

日羅房の長々としたお説教を聞いた是害房は心得違いを反省し、湯治で傷を癒やしたいと訴える。対する日羅房は、有馬の湯は霊験あらたかだが、天狗にはかえって毒である、上賀茂社の御手洗川から流れる賀茂川の水を沸かして湯治をすればよいと教えて、眷属たちとともに是害房を河原へ運んでいく。

ここで思い返してほしい。先行する『今昔物語集』では天狗たちが北山の温泉「鵜ノ原」に入ったと語られていた。しかし絵巻では、賀茂川の水で穢れを洗い流せば煩悩が消え、護法に生まれ変わると説明される。温泉ならともかく、賀茂川の水を沸かした湯で、傷が癒えるのだろうか。この違いは大きい。

仏教では病気や身体の障碍を前世からの悪業の結果ととらえる。そのためであろう、体を清潔にして病の治療や予防に役立つ入浴の習慣は、僧坊でも重視されていた。これに在来の「穢れ」観が重なる。肉体の汚れ（穢れ）と精神の汚れを同一視し、霊験あらたかな賀茂川の水で「煩悩の垢」を落とせば天狗でさえ仏教に近づくことができる、という「魔仏一如」が生み出される。古代には語られなかった、中世日本の論理であった。

ちなみに『是害房絵』では、大釜で沸かした湯を樋のようなもので湯船に注ぎ入れ、上から布にくるまれた是害房を浸からせている。傷ついた是害房を介助する描写であろう。湯船の周囲は小屋のようなもので覆われており、中世の「風呂」を描いた貴重な絵画資料である。近世の写本では風呂の場面も板敷きに変わっていたり、釜や樋の形状が変化したりするなど近世の風俗にあわせた変更が施されている。

さて、傷も癒えて改心した是害房は、日本の天狗たちに次のような別れの歌を送る。

老ノ波ニ　モロコシ船ノ　キヨセツ、秋津島ニテ　ウキメヲソミル

是害房の湯治（曼殊院本『是害房絵』）

老いた唐土の船（中国の老天狗である自分）が秋津島（日本）に寄りきたり、憂き目（辛い思い。波、船の縁語で「浮き」とかける）をみたことよ。漢文の国から来た天狗が和語でつむきだす、だめ押しのような完敗宣言。大天狗にしては情けないが、実はここにも時代背景が影響している。

絵巻成立の背景

奥書によれば、曼殊院本は「宇治大納言物語」にもとづき、「狂言綺語」ではあるが小児に仏法のありがたさを伝えるため

作ったもので、延慶元年（一三〇八）成立の絵巻を写したという。「宇治大納言物語」は現在失われているが『今昔物語集』などの祖型になったといわれる説話集である。「狂言綺語」（ふざけた作り話）とへりくだっているが、これは翻って仏法の真理に通じるという定型表現である。この物語も、人気があるからこそ何度も写され、絵巻化されたのだろう。

絵巻が成立した鎌倉時代中期は、二度の蒙古襲来（文永の役・一二七四年、弘安の役・一二八一年）を経験し、異国への危機意識が高まっていた時期である。つまり大陸の天狗を日本の高僧が打ち払ったという古代の天狗説話が、異国への警戒感や、それにともなうナショナリズム勃興のなかで絵巻化されたということだ。

なお、『七天狗絵』（一二九六年成立）や『春日権現験記絵』（一三〇二年成立）など、天狗を描いた絵巻がこの時期集中して作成された。天狗、魔界への関心が高まった時代だったのだ。その視点で見直すと、三人目の高僧として登場する良源の存在が重い。良源について、絵巻では「十一面観音」の化身で、大天狗となって仏教を護る、我ら（天狗）と同類の存在であると語っている。(2)

良源は天台宗史上の重要人物だけに逸話も多いが、卓越した修験僧であり、はじめて僧兵を組織したといわれる武闘派でもあった。「死んだら鬼の姿で比叡山を護る」と遺言して正月三日に没したため「元三大師札」と呼ばれる魔除け札が、現在も頒布されている。眉毛が豊かで鬼の角のように見えたというエピソードもあって、良源は鬼か悪魔のような奇怪な姿で描かれる。鎌倉時代後期には蒙古襲来をふまえ、異国を打ち払う祈願に良源像が造られた。絵巻の言及は、こうした没後の信仰にもとづくものだろう。

つまり良源こそは、験力無双という点でも、また当人のエピソードとしても、大陸の天狗（魔）を護法に転化させる「魔仏一如」論理の体現者であった。『是害房絵』は、先行する仏教説話にもとづきながらも、良源信仰や異国意識など、鎌倉時代ならではの世相を濃厚に反映していたのである。

ところが大言壮語する大陸の天狗を日本の高僧が打ち払う痛快な絵巻はその後も愛され、多くの写本が作られた。現存するものだけで、およそ二十数本が確認できる。そして能の演目としても展開した。説話や絵巻のような2Dから立体芸術、3Dに展開したことになる。企業が管理する現代の広告戦略とは異なるが、いわゆるメディアミックスのような形で「是害房」の物語が広まったのである。

能『善界』

能『善界』は、天狗物の能が多く作られた室町後期に、曼殊院本系の絵巻にもとづいて作られた。作者は竹田法印定盛。代々の医家に生まれ、自身も将軍義政の治療にあたるほどだったが、風流諸芸に通じていたらしい。能の専門家ではない作家が、古典とはいえない絵巻を題材として作ったものだが、現在も五流すべてで演じられる人気曲である。文亀三年（一五〇三）には演能記録があり、永正五年（一五〇八）に定盛が八十八歳で没しているのでそれ以前の成立である。

これ以前に『是害房絵』は貴族の間で広まっており、万里小路時房《までのこうじときふさ》の日記『建内記《けんだいき》』嘉吉元年（一四四一）四月二十八日に、中山宰相中将が使いを送って云うに、何にても絵をご覧にいれるべきだ、「狂絵」といえども進呈されるべきだという。そこで『是害房絵』を比興左道の物でも顧みず使いに付けてお送りした。(3)

とあって、「狂絵」ではあるが主上(後花園天皇)が好むので絵巻を進上したのだという記録がある。また、後花園天皇の父である伏見宮貞成親王の『看聞日記』では嘉吉三年(一四四三)四月二十三日に、

室町殿(将軍)に、絵一合、見参にいれた。天狗鬼類絵。是容(害か)房絵。蝦蟆絵上下。狂言絵等五巻。(4)

との記述もある。「天狗鬼類絵」「狂言絵」はそういう名前の絵巻があったのか、「天狗鬼類(を描いた)絵巻(の)是害房絵」という、ジャンル名として書いたのかわからないが、ともかく、能の成立するおよそ六十年前には『是害房絵』が愛好されていたらしい。

能『善界』では、まず幕が開くと唐から飛来した善界坊が山伏姿で登場し自己紹介をする。同じく山伏姿の愛宕太郎坊を呼び出して面会し、比叡山へ向かうことにするが、不動明王の験力もあり難しいだろうと話し合う。

しかりとはいへども、輪廻の道を去りやらで、魔境に沈むその嘆き、思ひ知らずやわれながら、過去遠々の間に、さすが見仏聞法の、その結縁の功により、三悪道を出でながら、なほも鬼畜の身をかりて、いとど仏敵法敵となれる悲しさよ。(5)

天狗たちは「魔境」に沈む身の上で仏敵となる怖ろしさを自覚しながら、なお逃れがたさ、罪深さを吐露する。能ならではの内面告白で、天狗たちの造型に複雑な陰翳を加えている。このあと天狗たちは比叡山へ向かう。

続く後場では、比叡山の僧正が参内する途中、正体をあらわした善界坊が登場し、雨風を起こし、僧正の車に手を掛けて襲う。僧正が祈ると不動明王や諸神が霊験を発揮して善界坊を責め、やがて通力を失った善界坊は羽扇をうち捨てて雲中へ消え去る。後半のアクロバティックな立ち回りは初心者にもわかりやすく、面白い。

高僧は一人しか登場せず、入浴場面もないので「魔仏一如」の転換は発生しない。天狗は打ち負かされ、退場するのみである。しかし逃げ帰るだけの小物ではなく、仏法への葛藤を抱えた存在として印象深く表現されていることも見逃せない。通常は魔物として赤頭で演じられる天狗が、力強い神霊をあらわす白頭で登場する演出もあり、前半の山伏姿とあわせて、やはり山岳修験の存在感が増した時代の産物だろう。

天狗の風流

能が成立したあとに作られた絵巻のバリエーションを見てみよう。アメリカ・ニューヨーク公共図書館スペンサーコレクションにおさめられた『是害坊絵巻』は、天正十五年(一五八七)の奥書をもつ写本で、色の指定だけが描き込まれた白描の絵巻だが、画風はずいぶん違う。ユーモラスだった天狗たちは鬼のようにいかめしく、なかには人面鳥身の怪鳥じみた天狗もいる。仏教でいう迦陵頻迦に近いが、禍々しい笑顔はむしろギリシャのハルピュアイを想起させる。なお、逸翁美術館（大阪府池田市）には、美しく彩色された同系統の近世写本が所蔵されている。

さらに詳しく見ると、傷ついた是害房を河原へ運ぶ、行列の場面が違う。曼殊院本系の古い絵巻では担架に運ばれる是害房を天狗の眷属たちがとりかこみ、さまざまな囃し言葉でからかう場面である。まず曼殊院本の囃し歌を簡単に訳してみると、

1「古唐傘か、是害房。小骨を折られた様は」

2「庭のまりか、是害房。追い回られて、蹴られる様は」

3「絹張り（絹の洗い張り）か、是害房。縄をつけて引っ張られる様は」

4「見参のいたか、是害房。足にまかせて踏まれる様は」

5「名誉だな、是害房。ものにのせて舁かれる様は」

6「狂句かな、是害房。笑われて書かれる様は」

7「吉賽（サイコロ）だな、是害房。打たれて賭けられる様は」

となっていて、どれも是害房をものに例えてからかっている。5、6、7は、担架に乗せられた是害房を「舁く（担ぐ）」を「書く」「賭く」にかけたもの。4の「見参のいた」は、内裏清涼殿南端の床にあった鳴板で、踏むと音がして人の見参を知らせたという。「板」ではなく「イタカ」とよばれる下級宗教者が足蹴にされる様という説もある。

天狗たちの手には、古傘や葉団扇、斧、槌、鹿の角をつけた杖（鹿杖《かせつえ》）など、山の民や下級宗教者を象徴する持物が握られている。山伏に限らず下級宗教者たちが天狗と見なされていたためであろう。

天狗の行列（曼殊院本『是害房絵』）

一方、同じ場面、同じ囃し歌でも手に手に楽器をもつスペンサー本、逸翁本は、まるで祭だ。大きな傘をひらいた天狗は曲芸でも演じているようである。鼓や、羯鼓《かっこ》という打楽器をぶらさげた天狗もいる。これは明らかに祭礼に参加する芸能者をイメージしている。鎌倉時代の絵巻とは違って、室町時代のトレンド「風流《ふりゅう》」（過剰な意匠を凝らす芸能や祭礼の趣向）を反映したものだろう。

この風流行列の場面は、時代が下るとさらに長大化していく。天狗の数もどんどん増え、さまざまなものを持って行列に参加するようになっていく。

工藤早弓『奈良絵本』（京都書院）で紹介されている赤木文庫本（横山重氏旧蔵本）は、詞書の表現に能『善界』の影響があることでも知られる。成立は江戸時代初期と思われ、慶應義塾大学図書館所蔵の寛文十一年成立の絵巻と同型である。行列する天狗の数は三倍以上に増え、走りだすような、躍動的な絵に変わっている。
まず目に入るのは長柄の斧をかつぎ、扇を広げて行列を追い立てるような天狗。よく見ると頭の上には柿の実を模したような帽子をかぶっている。その前には、大きな大根を担いだ天狗が走る。弓矢を持つもの、笛や太鼓をかなでるものなど、にぎやかだ。描きこまれた天狗の台詞の一部を聞き取ってみよう。

斧を持つ天狗「岩の上の熟柿に金槌を使うような、見当違いの振る舞いで可笑しいな」
大根を持つ天狗「計略を仕掛けたのに、結局つらい目にあって悔しいだろう。無残だな、是害坊、大根でも売りなさいよ、是害坊」
枝に瓢箪をつけた天狗「いや首に縄をつけられているのは、瓢箪のようだな、是害坊」
笛を吹く天狗「薬湯の中へ是害坊を入れて、煮やれ煮やれニヤレニヤレ、と笛を吹くよ」

どうやら手にした物に託して、是害房をからかっているようだ。ほかにも、太鼓を持った天狗は「物はちの当たりたるは、太鼓かや是害房」、作り物の小鳥を手にした天狗は「ひと村雨のおりふし、林につれて渡るはホトトギスか、是害房」、紅葉を手にした天狗は「いや、火界の呪に焦がされて、羽の色も紅葉かや是害房」などと歌っている。見立てもはなやかに、粋なものだ。天狗たちの躍動的な姿は、同時代に多く写された『百鬼夜行絵巻』の化け物たちの行進にもよく似ている。おそらく、異形の行列絵巻として愛された図案なのだろう。「風流」を反映した、いわば流行のコンテンツだったわけである。
また、赤木文庫本では送別の歌会に加えて、宴席で「延年の舞」を披露する日羅房の姿が描かれている。

天狗の行列
寛文十一年本『是害坊絵巻』(慶應義塾図書館 蔵)

諸法実相とく観ずれば　峰の迷ひも仏界なり
万法一如と説くときは　谷の鬼神も霊神なり
いやそよやふたはより　老ひの齢を思ふにも
今日の千歳のはじめなりける　やれことんとう

修行の上の迷いや、鬼神も全て仏法につながるという喜びが、延年長寿の祝いとともに謡われている。「やれことんとう」は平安時代以来の古風な囃し言葉だという。[6] 日本仏法を寿ぐ「和歌」や入浴を転機とする「魔仏一如」の論理よりも、祭礼行列や祝いの舞といったにぎやかさに、時代の嗜好が反映されている。すでにこの天狗たちは、ナショナリズムや宗教イデオロギーとは無関係な、滑稽なキャラクターとして描かれているのだ。

是害坊転生

絵巻から能へ、そして能から絵巻へと是害房(是害坊)の物語はメディアを超えて展開した。さらに是害坊天狗は、歌舞伎や民俗芸能にも進出している。

宝暦十一年（一七六一）、大坂角座で初演された並木正三《なみきしょうざ》の狂言『霧太郎天狗醺《きりたろうてんぐのさかもり》』の主人公、妖術使いの霧太郎は、日本に渡った是害坊天狗の子孫で、源義経に兵法を伝えた鬼一《おにいち》法眼でもあり、鎌倉幕府の世継ぎ争いに乗じて謀反を企む。鬼一法眼の正体を鞍馬の天狗とする浄瑠璃『鬼一法眼三略巻《きいちほうげんさんりゃくのまき》』をふまえた、奇想天外なストーリーである。客席の上を飛行する宙乗りのパフォーマンスでも知られ、平成十九年（二〇〇七）三月の復活上演では、三代目中村橋之助（現八代目芝翫）が見事な宙乗りを披露した。

また、本田安次の調査報告によれば、東北地方に伝わる山伏神楽にも是害坊が登場する。[7] 山伏神楽は早池峰《はやちね》、黒森、大平といった山で修行する山伏が、十一月から正月にかけて村々をまわって祈祷し、その夜、宿の部屋に幕を張って演じたものである。成立や伝承は不明確だが、幕末から近代にかけての台本が伝存し、古くは宝暦年間（一七五一～六四）にさかのぼるという。

このうち『鞍馬』という曲では、まず舞台に牛若丸が登場して名乗りをし、鞍馬山に着いて天狗を呼び出すと、大唐の天狗「善界坊」が登場し、兵法比べが始まる。天狗の棒術に対して牛若丸は剣を抜き、演舞を披露する。能『鞍馬天狗』と『善界』を合体させたいいとこどりの天狗活劇で、多くの台本に残される人気曲のようだ。

最後に、現代の是害坊として黒田硫黄氏の怪作漫画『大日本天狗党絵詞』（講談社）に登場する「Z氏」をあげておきたい。

この漫画は現代社会でひっそりと生活していた天狗たちが、人間の少女、シノブの存在をきっかけに、日本を天狗の国に作り変えようと内乱を引きおこす壮大な物語である。シノブをさらった天狗の「師匠」は、かつて外国から渡ってきた伝説の大天狗「善界坊」が沖ノ鳥島に眠っていることを知り、決起を呼びかける。作中では大天狗は「Z氏」と呼ばれ、その風貌はナポレオンを思わせる巨大な「外人」である。

ほかの天狗たちがこそこそとアルバイトしたり、ゴミをあさって生活したりしているなか、年齢千七百年を超える「Z氏」は、巨大怪獣のような迫力でたちまち東京を制圧してしまう。作者は大学時代から能に凝っており、能をヒントにしたことを明言している。

なお作家、森見登美彦氏は本作に影響を受けて自作『有頂天家族』(幻冬舎)などに天狗を登場させることにしたと告白する。是害坊の転生は現代も続いている。

『是害房絵』をめぐる旅

筆者はもともと絵巻研究の専門家ではなかったのだが、『是害房絵』研究に手を付けたことから、国内外に所蔵されている『是害房絵』を調査することになった。『是害房絵』の先行研究としては一九八一年に発表された友久武文氏の調査があったが、できるだけ自分の眼で現物を見直そうと考えたのだ。

一般によく知られる『是害房絵』の最古本は、京都洛北にある天台宗の名刹、曼殊院門跡に所蔵されている。門跡というのは皇室一門から住職が任命される寺院で、曼殊院本『是害房絵』は曼殊院所蔵の多くの寺宝とともに、国指定重要文化財として京都国立博物館に委託管理されている。詞書と絵に筆の使い分けが少ないことからプロの絵師ではなく、筆の立つ僧が書写したものといわれ、大胆でユーモラスな筆致が特徴である。

曼殊院本は残念ながら閲覧、調査が難しく、現在は展覧会でしか見ることができない。写真版は角川書店の『新修日本絵巻物全集』、一部が平凡社の『別冊太陽　妖怪絵巻　日本の異界をのぞく』に掲載されている。その他、京都大学図書館に所蔵されている明治時代製作の小型模本があり、筆者もまず初めにこのレプリカを調査した。

その後、縁あって曼殊院本に次ぐ古本である泉屋博古館本（住友コレクション）を実際に調査させてもらった。下巻のみの伝来だが、南北朝期成立といわれ、明らかに大和絵の本流を学んだプロの絵である。近年修復が終わり、うっすら赤みがかった天狗の肌感までがよくわかるようになった。ＳＮＳでは、展覧会で絵巻を見た人による「ふんどし姿がエロチック」との感想も見つけることができる。

『是害房絵』が貴族層にも広まっていたことは、室町時代の日記資料でも確認できる。泉屋博古館本は、現存の下巻を見る限り曼殊院本と変わらない内容だが、寺院圏内で流通したと思われる曼殊院本とは異なる享受を想像させる貴重な例である。

慶應義塾大学図書館所蔵の寛文十一年本や赤木文庫本のグループは一番写本が多く、駒沢大学図書館所蔵本や、幕末の天保期に写された船橋市立図書館本が残っている。慶應義塾大学図書館にはもうひとつ室町後期にさかのぼる絵巻が所蔵されており、下巻のみのため慶應残欠本と呼ばれる。この系統には徳江元正氏旧蔵本があり、能の影響が強いこと、失われた前半部は三人の高僧のうち良源と、新たに「一輪大師」という独自のキャラクターを登場させる「二高僧型」であることが報告されていた。その後調査を進めていたところ、ハワイ・ホノルルアカデミーオブアーツ（ホノルル美術館）所蔵本が同系統だとわかり、研究が進んだ。高僧の数が減った理由として、室町時代から江戸時代にかけて行列や延年の舞がもつ祝儀性がより重視されたとも考えられる。

このほか東北大学図書館所蔵本など、デジタル資料をふくめ十数本の調査を行ない、『是害房絵』の諸本について新たな分類を発表したのが、二〇一二年である。ここでは『是害房絵』伝本は時代ごとに性格が異なり、享受、製作も寺院に限定されず貴族層から近世の庶民層にまで広がっていることを明らかにした（拙稿については注を参照）。

『和漢天狗会話』との出会い

手探りの調査では、本当に多くの方のお世話になった。まずは所蔵元である各大学、博物館の学芸員の方々。さらに絵巻研究の第一人者、慶應義塾大学の石川透氏からさまざまなご教示をいただいた。神出鬼没で各地の展覧会を歴訪されている石川氏は、学会などでご挨拶するたびに国内外に所蔵されている絵巻の情報を惜しげもなく教えてくださり、工藤早弓氏をはじめ所蔵者にもご紹介いただいた。石川氏の導きがなければ『是害房絵』の伝本調査は進められなかっただろう。

愛知教育大学の鷹巣純氏から「うちの大学図書館にもあるよ」と教えていただいたのも意外な出会い

であった。鷹巣氏は地獄絵研究の第一人者で、美術史の専門家である。さっそく調査を申し出たところ快く引き受けてくださり、しかも当日はご自身のカメラを持ち出して撮影にご協力いただき、手取り足取り助けてくださった。

こうして調査した結果、愛知教育大学本は『是害房絵』伝本のなかでもきわめて特殊なものであり、友久氏の先行研究にも言及がなかった。友久氏にお手紙で確認をとったところ、知人からのコピーを確認しただけで未調査だった作品と判明し、すぐに学会で報告させてもらう運びになった。(8)

『和漢天狗会話』と題されたこの伝本は、英国人学者バジル・H・チェンバレン(一八五〇~一九三五)の旧蔵品で、チェンバレンの支援を受けた杉浦藤四郎という人物を通じて大学に寄贈された品のひとつである。江戸時代末期、幕末に近い頃の作品と思われ、四場面で描かれる。

第一図は唐で仲間の天狗と別れを惜しむ是害房(絵巻の表記は「是界坊」)、第二図は日本へ向かう是害房、第三図は、日本で八天狗らに歓迎される是害房、第四図が比叡山で高僧を護る不動明王や鉄火輪に撃退され、許しを請う是害房、である。

行列や湯治場面、結末の歌会(宴)がなく、高僧一人の祈りで不動明王が出現するなど、内容は能『善界』に近い。旧蔵者チェンバレンは言語学や博物学の専門家で、日本文化を海外に紹介することに尽力し、能にも造詣が深かった人物だ。能の絵巻化ということで関心をもったのかも知れない。しかし、ほとんどの場面は他の『是害房絵』伝本から構図を写しており、単純な能の絵巻化ともいえない。

たとえば冒頭の唐での是害房と仲間の天狗たちは、慶應寛文十一年本の聞是房、日羅房と対面する是

『和漢天狗会話』第三図（愛知教育大学附属図書館 蔵）

害房の構図を借りたものだし、末尾の許しを乞う是害房は、良源僧正と天童たちに懲らしめられる場面とそっくりだ。また、第三図で日本の八天狗たちに歓迎される場面は、改心した是害房を囲む別れの宴会を描いた場面が、ほぼ正確に転用されている。延年の舞を舞う日羅房を「豊前坊」に変え、別れの場面を歓迎の場面にしているわけで、絵師の工夫がみえる。

是害房と日本の天狗たちのチームプレイを描く絵巻は、他にもあったようだ。残念ながら失われて行方不明だが、梅津次郎氏の紹介する京都報恩寺旧蔵絵巻は、是害坊と愛宕太郎坊が「鞍馬の僧正房に計り、彦山のふんせんはう、白峯のそうせんはう、大山のほうきはう其他大勢の天狗を催し、是害房を大将に立てて比叡山に押し寄せ、さまざまの魔法を試みる」場面があったという[9]。しかし比叡山を護るため不動明王や山王、八幡ら諸神が集まり、天狗軍は敗北する。愛知教育大学蔵の『和漢天狗会話』も、報恩寺旧蔵本と同系統の、天狗の団体戦を描く『是害房絵』伝本のひとつと位置づけられるだろう。

ところで『和漢天狗会話』に登場する八天狗は、絵巻に書き込まれた注記により

愛宕栄術太郎坊、鞍馬僧正坊、比良山次郎坊、飯綱三郎、大山惣持坊、大峯善鬼坊、白峰相模坊、彦山豊前坊

とされている。これまでも紹介してきたいわゆる八天狗とほぼ同じだが、大山の天狗「伯耆坊」の名だけが「惣持坊」となっている。この「惣持坊」とは何者だろうか。

幕末の絵巻から大山天狗の謎に迫る前に、まずはこうした天狗の名前がどのように生み出され、伝承されてきたのか、天狗名の歴史を追ってみよう。

2　天狗銘々伝

天狗祭文と天狗揃

現在知られている限り、天狗の名前を列挙する「天狗揃」の趣向は、能『花月』が古く、各地の山に天狗が止住しているという考えが室町中期ごろにはできあがっていたことがわかる。より完成された形で現れるのが、能『鞍馬天狗』の遮那王（義経）の前に、諸国の天狗を引き連れた鞍馬の大天狗が姿を現す場面である。

まづ御供の天狗は、誰々ぞ、筑紫には、彦山の豊前坊。四州には、白峰の相模坊、大山の伯耆坊、飯綱三郎、富士太郎、大峯の前鬼が一党。葛城、高間、よそまでもあるまじ。

ここでは葛城、比良、愛宕などは山の名前だけで、天狗の名前は鞍馬僧正坊を加えて七狗にすぎない。ただこのころから「大山の伯耆坊」は数えられており、ほかの八天狗の面々もほとんど出そろっている。

ところが、江戸時代半ばに成立した『天狗経』では天狗の名前は四十八狗に急増する。これは知切光歳らがすでに紹介しているが、山岳修験者が山歩きに携行した真言呪法のひとつという。筆者も以前「天狗経」が収められた経本『石土経』を購入したことがある。昭和四十三年初版、平成二十三年改版の新しいものだが、短いものであり、知切が紹介するものとは若干の異同もあるので、全文を紹介しておこう。

南無大天狗小天狗十二天狗有満那天狗数万騎天狗　先大天狗には
愛宕山太郎坊　比良山治郎坊　鞍馬山僧正坊　比叡山法性坊　横川覚海坊　富士山陀羅尼坊　日光山東光坊
羽黒山金光坊　妙義山日光坊　常陸筑波法印　彦山豊前坊　大原住吉剣坊　越中立山縄乗坊　天岩船檀特坊
奈良大久杉坂坊　熊野大峯菊丈坊　吉野皆杉小桜坊　那智滝本前鬼坊　高野山高林坊　新田山佐徳坊　鬼界嶋
伽藍坊　板遠山頓鈍坊　宰府高垣高林坊　長門普明鬼宿坊　津度沖普賢坊　黒眷属金比羅坊　日向尾畑新蔵坊

医王嶋光徳坊 紫黄山利久坊 伯耆大山清光坊 石土山法起坊 如意ヶ岳薬師坊 天満山三万坊 厳島三鬼坊 白髪山高積坊 秋葉山三尺坊 高雄内供奉 飯綱三郎 上野妙義坊 肥後阿闍梨 葛城高天坊 白峰相模坊 高良山筑後坊 象頭山金剛坊 笠置山大僧正 妙香山足立坊 御嶽山六仙坊 浅間ヶ岳金平坊 総じて十二万五千五百所々の天狗来臨影向悪魔退散諸願成就悉地円満随念擁護怨敵降伏一切成就の加持

知切の紹介するものは「有満那天狗」が「有摩那天狗」、「羽黒山金光坊」が「羽黒山三光坊」、「紫黄山利久坊」が「紫尾山利久坊」、「天満山三万坊」が「天満山三尺坊」、「葛城高天坊」が「葛城高間坊」、「御嶽山六仙坊」が「御嶽山六尺坊」となっている。ちなみにここでは「伯耆坊」は見いだせず、「伯耆大山清光坊」の名がある。これが知切の「移住説」の有力な根拠なのだが、今は措こう。

いずれにしても成立は定かでなく、愛媛県石鎚山関係の行者が広めたものと推測されている。筆者の購入した経本も石土宗総本山石中寺から発行されている。

能と『天狗経』の間を埋める資料はないのだろうか。実は、戦国時代末期に成立した『月庵酔醒記《げつあんすいせいき》』のなかに、『天狗経』に先行する天狗祭文というべきものが記録されていることが報告されている。

これはいまの埼玉県あたりに住んでいた一色直朝《いっしきなおとも》（出家して月庵）という武将が編んだ、漢詩や和歌、連歌から、民間療法、俗信、ことわざにいたるまでさまざまな知識を網羅した、考証随筆とも百科事典とも分類しがたい本である。一部の研究者にはよく知られていたが、近年注釈が刊行され手に取りやすくなった。ここに「天狗名」という項目で、高林坊、火乱坊、大量坊、長嶺坊、普厳坊、太郎坊、金比良坊、朱徳院坊の八狗の名が記されている。金比良坊は四国象頭山（香川県）、いわゆる「こんぴらさん」の天狗だろう。『天狗経』では高林坊は高野山、普厳坊（普賢坊）は隠岐の天狗とされる。火乱坊は愛宕八天狗の一といわれ、大量坊、長嶺坊は不明だが、朱徳院坊を「すとくいん」とよめば、崇徳院の怨霊や白峯相模坊との関係が想像される。

また『月庵酔醒記』では、続けて「天狗住山之名所」として

根本中堂ヨリハジメ、僧正嶽、愛宕山、平野山、石山、山上善、小吹嶽、富士前上、浅間嶽、日光山、羽黒山、木古山、白山、浅上前、万城二大千町嶽、吉野、熊野山、足ズリ、伊散山、宝塔、屋獄ガ嶽、伊与二石渕、大峯、葛城、筑紫二彦山、白雲山、冠ガ嶽、高呂山、冨万ガ嶽、安楚嶽、タニカクナル、雲善嶽、切嶋、阿楚山、本是、无理嶽。以上右読誦スレバ火難フ除。

とあり、「根本中堂」（比叡山の中心）からはじめ、僧正嶽（鞍馬山）、富士、吉野など全国三十六ヶ所の在所を唱えれば「火難ヲ除」、すなわち防火のまじないになるという。おそらくは天狗と自分たちとを一体化し、山の守護をうけようとする信仰だろう。

『月庵酔醒記』研究では、よく似た天狗祭文が天台系の山岳寺院の所蔵資料にも見られることを指摘し、修験者や民間宗教者によって唱えられた山歩きや火除け、地鎮の修法として使われた祭文が謡曲に取り込まれたのだろうと推測している[10]。

行き届いた解説である。しかし確認できる年代としては、能の「天狗揃」より古い天狗祭文は発見されていない。実践的なものなので日常的に携行したり、修法で用いたりするなかで散佚したと考えられるが、先後関係を特定できる証拠はないのだ。

もともと霊山を列挙する趣向は、古く院政期に成立した『梁塵秘抄』にもあった。「聖の住所」をたずねるという形式で、山岳修行の霊場を列挙する歌が二首おさめられている。

聖の住所は何処何処ぞ、箕面よ勝尾よ。播磨なる、書写の山、出雲の。鰐淵や。日の御崎、南は。熊野の。那智とかや

聖の住所は何処何処ぞ、大峯葛城石の槌、箕面よ勝尾よ　播磨の書写の山、南は熊野の那智新宮

聖地、霊山の名前を唱えることは、宗教的な霊威を重ねる意味があるのだろう。いわば口頭での聖地巡礼である。しかし、根本は機知を示す技芸や、退屈をまぎらわせる口遊びに近い。今でもテーマを決めて名詞を言い合う遊びとして「古今東西」や「山手線ゲーム」があるが、こうした名詞の列挙を物尽くしという。

物尽くしを文章のレトリックとして使った一番の好例は『枕草子』だろう。「春はあけぼの、夏は夜」というやつだ。つまり天狗揃も、宗教面だけでなく物尽くしの遊びという面から探究する必要があるのではないか。

天狗揃の系譜

かつて知切光歳も、お伽草子『天狗の内裏』のなかに、

愛宕太郎坊、比良山次郎坊、高野山三郎坊、那智山四郎坊、かんのくら豊前坊、大唐ほうこう坊、天竺日輪坊

などの名前があることを見出していたが、山岳信仰とのつながりを重視する知切は、ずさんな寓話、お伽噺だと軽んじて省みなかった。資料の限界もあったかもしれないが、今にしてみれば見切りが早すぎた。お伽草子や古浄瑠璃の世界には「天狗揃」の趣向があふれ、天狗名の宝庫だったのである。

たとえば同じ『天狗の内裏』でも、古浄瑠璃（人形劇）として広まった異本のなかにはまったく違う天狗揃を語るものがある。鞍馬山に全国の天狗が集結する場面である。

筑紫彦山の豊前坊。愛染坊。杣が嶽の大木つぶて。大鳥山の邪慢天狗。村雲坊、雨を横切る土風坊。四国に讃岐金毘羅坊。白峰太郎、同じく次郎。播磨の室山鬼が崎の三面鬼。紀州に焼山、御手洗山。神蔵には、霞隠しの霧太郎。和泉の堺にみうらん坊。河内の生駒山の坊。金剛山に峰の坊、谷の坊。

大峯、葛城、後鬼前鬼。釈迦が嶽の大仏坊。吉野にかいつり小桜坊。龍田の山のやこの〳〵このはあ。木の葉返し紅葉坊。近江の伊吹に鋲五郎。伊勢の国に神通坊。朝熊岳にはかんぜき坊。二見浦の網引き坊。さて遠江に浜名坊。伊豆の国には箱根山、霰走りの飛行坊。駿河の国の富士太郎。三保が崎の羽衣天狗。足柄山の韋駄天狗。加賀には白山、火炎降らしの逆鉾坊。越前の国には雛が岳の荒御前。越後の国の稲妻小僧。甲斐の国の震動雷電、風雷風雷雨や霰の風雷坊。下野の日光山、十禅師の大音坊。陸奥の国の仙台に、飯綱の三郎。北天狗。さて京ちかき山々、愛宕の山の太郎坊。比良の高嶺の次郎坊。名高き比叡の三郎坊に横川坊。駒ヶ滝の鬼影坊。衣笠山にしやちく坊。高雄の山の金剛坊。嵐の山の木の葉天狗にいたるまで、云々(11)

原文はひらがなが多いので仮に漢字を宛てたが、どう宛てるのかわからないものもある。有名どころも出ているが、順不同、地域もあちこちに飛ぶので、どこの山で、どういう天狗の名前なのか、判断しにくい。よく見ると「雨を横切る土風坊」のように言葉遊びで作られたような天狗もいるし、「白峰太郎」「富士太郎」「愛宕山に太郎坊」と同名の天狗も多い。もちろん修験の霊場、伝説を反映したものではあろうが、それよりも言葉の調子をととのえ、列挙していくことに楽しさ、面白さがあったように思われる。

人気のある場面、聞かせ所を、別の作品でも使い回すのは大衆演芸ではよくあることである。江戸時代初期に刊行されたお伽草子『愛宕地蔵物語』や、古浄瑠璃の『あたごの本地』にも、同じような天狗揃が語られる。主軸になるストーリーはまったく異なるが、どちらも愛宕山の信仰の由来を物語仕立てで語るものである。

また、子ども向けの「天狗図鑑」も刊行されていた。昭和五十年ごろ三重県で発見された江戸時代初期の子ども絵本のなかに『天狗そろへ』と題されたものがあり、全国の天狗が挿し絵入りで紹介されている。[12]内容は、『天狗の内裏』で紹介した天狗揃とほぼ重なり、「天狗揃」の場面だけが切り出されて口遊びとして広まっていたことを示している。江戸時代にはさらに独立して歌われていたらしく、「道念節」という流行歌としても「天狗そろへ」の名が残っている。[13]

天狗が恐怖や信仰の対象に限定されていれば、さすがに子ども絵本や流行歌にはならない。各山に止住するキャラクターとして浸透し、親しまれていたからこそ、江戸時代の初期から娯楽のなかに登場するのだ。

愛宕や鞍馬、飯綱、彦山などから全国へ広がった山伏たちが、火除けや鎮宅など、身近なまじないとして天狗祭文を利用していたのは確かだろう。おそらくそれが民衆のあいだで、身近な芸能とまざりあって定着した。天狗揃が信仰から発生したのか、言葉遊びや芸能から広がったのか、先後関係や起源はわからない。地域の伝承と宗教者の唱える祭文、そこに能や浄瑠璃のような芸能、娯楽が互いに影響しあい、各地に止住する天狗のイメージをふくらませていったのだ。

知切光歳と「天狗列伝」の限界

これまでもたびたび言及していた知切光歳『図聚天狗列伝』西日本編、東日本編（岩政企画、一九七七年刊）は、全国の天狗説話を地域別に分類、解説した労作である。その取材範囲は王朝時代の古典から江戸時代の随筆、地域史、民俗報告書に及び、幅広く目配りされている。天狗の名前を網羅したカタログとしてこの成果を上回ることは難しく、まさに金字塔というべきだろう。

すでに知切は『天狗考　上巻』（涛書房、一九七三年）を上梓して天狗像の歴史的な考察を終えており、当初「下巻」として企画されていたらしい「列伝」の一部は『天狗の研究』（大陸書房、一九七五年。原書房から二〇〇四年に再刊）に、「天狗番付」の解説として示された。『図聚天狗列伝』は、さらに詳細な解説を加え、二巻揃えで刊行された。天狗を祭る寺社の護符（複製）を附録とし、各地の民芸品や絵馬、彫刻、寺社の写真を挿絵として取り入れた箱入りの大著で、まさに満を持しての刊行であった。

序のなかで知切は、天狗採訪の「八〇％強くらいにしか私の足跡は及んでいない」と言い、「今後、天狗の研究を志す人の、出発点として捧げたい」と謙遜するが、一方で、天狗伝承が衰退していくなかで今後、「私の収穫以上の成果は期待できないであろう」とも自負している。彼を駆り立てた「天狗列伝」への情熱は、いわばポケモンを集めるような楽しさで、江戸時代の天狗揃に通底するものだ。知切の著作はほとんど絶版だが、今も古本屋で流通している。

ところが、実際に地域のフィールドワークで昔話や伝説を探しても、知切が蒐集したような天狗の名前を見出すことは難しい。山で天狗に会った、天狗に脅かされた、という話はあっても、その天狗の名前まで知る機会があるわけではないからだ。次のような採集記録をみても、そこに固有名詞はない。

愛知県東春井郡旭村（現・尾張旭市）。大字稲葉にある白山の殆んど頂上に、直系三尺ほどの石があり天狗の踵岩という。白山に住む天狗が一夜所用があってこの石の上に乗り、踏み台にしてひとび飛んだ時の跡というくぼみがある。今なお白山に天狗が住み、雨の暗い夜など、天狗の火が見えるという(14)。

長野県下水内郡栄村。一昨年亡くなった上ノ原の山田豊吉さんの話ですがねえ。仲間三人と一緒に、和山の奥の檜俣というところへムササビを撃ちに行ったら、遠くの方で笑い声が聞こえていたって。まあ不思議に思ったし、なんかこう怖くなったから、その方へ逃げて、鉄砲を撃ったですって。そしたら、こんど足元へきて、大きな声がしるんですって。びっくりして、そのまま小屋へ帰ってきたっていいますねえ。実際あった話だとかいっていましたがねえ。やっぱり天狗笑いというものですかねえ(15)。

考えてみれば、人間が天狗の名前を知るには、人間とは違う天狗の世界を設定した「物語」があって初めて判明する。是害房や鞍馬天狗のような完成された説話か、天狗界にさらわれて修行したという寅吉少年のような詳細な体験談でもなければ、天狗の名前が伝わらないのは当たり前なのだ。

知切は、古典籍からコレクションした天狗の名前を各地の山に比定し、フィールドワークの成果をふまえて「天狗番付」を作成した。ところが、なかにはもとの資料で名前の伝わっていなかった天狗を、別の資料の名前にあてはめる、といった例も多い。これは資料分析としては問題である。読み物としての面白さは認めたうえで、やはり固有名に注目した「天狗列伝」の方法は限界があった。

大山惣持坊の正体

話が遠回りになったが、『和漢天狗会話』に登場した大山の天狗「惣持坊」に話題を戻すことにする。『鞍馬天狗』詞章においても大山の天狗は「伯耆坊」とされるが、この「惣持坊」とはなにものなのか。

江戸時代中期に鳥取藩士松岡布政《のぶまさ》がまとめた地誌『伯耆民談記』六には、

当山にある天狗を伯耆坊と称すること、古るき書に見えたり(16)

と明記されている。古き書が何かはよくわからないが、少なくとも『伯耆民談記』が成立した当時は明らかに大山の天狗は伯耆坊だった。

試みに大山寺の関係資料から「惣持坊」の名を探してみると、『大山寺縁起』下巻に、兼慶惣持坊という僧が大山寺に滞在中、盗賊にあったが、師から譲られた聖天像の加護で盗賊がつかまり、像も無事だったという逸話が記されている(17)。兼慶は谷阿闍梨と称した天台宗、皇慶の法流に連なる人らしい。ここに何らかの伝承があった可能性もあるが、これだけでは天狗説話と関係づけるのは難しい。

改めて『鞍馬天狗』詞章を検討してみよう。これまで掲出していたものは観世流謡本の詞章であった。ところが実は、金剛流の謡本『鞍馬天狗』では、大山の天狗を「惣持坊」と称していたのである。調べてみると能のシテ方を伝える五つの流派（観世、宝生、金春、金剛、喜多）のうち、下掛リ系と呼ばれる金春、金剛、喜多の謡本では大山の天狗が「惣持坊」または「増智坊」と書かれている。読み方は「そうち」または「そうぢ」で、同じとみてよいだろう。

さらに、下掛リ系の古態を残すとされる毛利家旧蔵車屋本では、大山の天狗を「そうち坊」、彦山の天狗を「軍善坊」とし、それぞれに「伯耆」「豊前」と注記がある。つまり観世・宝生など上掛リ系詞章と見くらべ、天狗名のバリエーションを認めたものだ。

こうした天狗名のバリエーションが生まれた理由は、おそらく旧仮名遣いで筆写したときに読み間違えた、誤伝ではないだろうか。仮名をくずして書けば「はうき」と「さうち」、「ぶぜん」と「ぐんぜん」は間違える可能性がある。

もともと各地の天狗名は、言葉遊びや芸能の世界とも交錯して変化することが多かった。天狗を山岳信仰の名残としてだけ理解しようとすると、能やお伽草子、絵巻における天狗名の変化は取るに足りないことだが、名前にこだわらずに作品が作られていた事実こそ、天狗を信仰と強固に結びつける考え方にささやかな異議を示すものだ。また「惣持坊」の名から発想すれば、絵巻制作の典拠を示す手がかりにもなる。すなわち『和漢天狗会話』は、全体には能『善界』の世界を基調とした「是害房絵」伝本のひとつだが、下掛リ系の『鞍馬天狗』詞章もとりこんで作られた絵巻だった。このように天狗説話は、信仰と関わらないところで交錯し、新たに生み出されていくのだ。

大山の信仰

そもそも大山といえば、山陰随一の霊峰である。古くから山岳修行者が入り、地蔵菩薩の霊場として整備されていた。先に参照した『大山寺縁起』は、室町時代に成立した絵巻と、江戸時代末期の増補本が残されている。これによれば、天の一部が割れて落ちたのが熊野山、金峯山、大山になったといい、天より二仙人が下りてきて山を開いた。さらに宝光菩薩が下天して智勝仙人となり、大神山と名付け、のち孝元天皇の時代に地蔵菩薩の化身である金剛鳥が、

大山の多宝仏、関鑰を金門に御す
応化身をもて垂迹す、釈迦両足尊。

の偈を唱えたところから大山と号するという。また『縁起』では、出雲の猟師、依道という人物が金色の狼を追って山へ入ったところ、狼の姿から地蔵菩薩、次に老尼に変じて宿縁を説いたのでたちまち出家し、金蓮聖人と名乗って道場を整備し、修行に明け暮れたと伝える。そのほか、小野篁が隠岐へ配流になったときに参詣して信仰があつかった、村上天皇の時代には大智明菩薩という名を宣下された、などともいう。

むろんこれは創出された修験道神話というべきものだ。ただ大山については平安時代末期成立の『梁塵秘抄』に信濃の戸隠、駿河の富士などと並び四方の霊験所として名前があがっている。『新古今和歌集』釈教歌にも、「智縁上人（伝不詳）が伯耆の大山に参籠して下山しようとする暁に、夢にみた歌」という前書で

山深く年経るわれもあるものを　いづちか月の出でてゆくらん

の歌が収載される。大山寺の本尊として、上人の下山を惜しむ歌である。

『今昔物語集』巻十七「依地蔵示従愛宕護移伯耆大山僧語第十五」は、愛宕護山で修行した仁和寺の蔵算という僧が地蔵菩薩の示現に従い、伯耆大山で修行したのち、愛宕護に帰ってさまざまな霊験を現し、尊崇を集めたという話である。大山は、地蔵菩薩の垂迹、大智明菩薩をまつる霊地とされる。同じく地蔵信仰の霊地だった愛宕護山につながる、民間宗教者のネットワークが想定される。

一方、西行仮託の説話集『撰集抄』七「伯州大智明神の事」では、奈良時代に俊方という猟師が、鹿と思って射たものが持仏堂の地蔵菩薩像で、殺生の怖ろしさに気づき出家して地蔵をまつったと語っている。

猟師を由来とすることで依道説話との関係が気になるが、ここでは深入りしない。少なくとも古代から中世まで、地蔵の霊場として有名だったことがうかがえる。しかし、その後は四国の石鎚修験、備前

（岡山県）児島半島の五流修験、新興後山修験などの勢力が台頭し、大山修験の勢力は衰えたとされる。五来重は「中国地方というのは、選挙でいえば草刈り場でしょうか。大山の勢力がなくなり、いろいろの修験から蚕食された場所になりました」とまとめている。[18]

つまり大山は古い霊場にもかかわらず、石鎚、児島修験といった多様な集団が信仰を寄せる入会地となっていた。このことも天狗名の不安定さにつながったのかもしれない。

相模大山の信仰

ところが知切光歳は、八天狗の伯耆坊は伯耆大山（鳥取県）を見限り、相模大山（神奈川県）に移った相模の天狗である、と紹介する。

知切説は、こうである。そもそも相模の天狗と思しい「相模坊」は、『鞍馬天狗』などのような初期の謡曲で讃岐（香川県）に流された崇徳院に仕えている。そのため相模は頭領不在だったと考えられる。ここへ衆徒の内輪争いが絶えない伯耆大山を見限った伯耆坊が移住し、相模大山に群棲していた大天狗小天狗の首領に推戴された、というのである。

にわかに信じがたい大胆な説だ。確かに神奈川県大山は関東を代表する山岳信仰の霊場で、江戸時代には行楽を兼ねた「大山参り」が流行し、落語や川柳の素材となった。山の護法という大天狗小天狗もよく知られていたようだ。

迷ひ子は天狗について来たといふ
密夫のざんげ天狗がをかしがり

どちらも大山での天狗伝承を前提にした川柳だが、伯耆坊の名は見出せない。伯耆坊を相模大山の天狗とする根拠はどこにあるのか。

相模大山は崇神天皇時代の開基と伝え、今は大山阿夫利社という古い名称を使っているが、明治以前は大山寺が信仰の中心となっていた。大山寺は東大寺大仏建立に尽力した良弁の創建といい、本尊は石尊大権現、本地は不動明王とされるが、大山祇神《おおやまつみのかみ》を祀るとも伝え、これが富士山に祀られる木花咲耶姫《このはなさくや》の父とされることから「富士に登らば大山に登るべし、大山に登らば富士に登るべし」と言われた。近郊には御師と呼ばれる宗教者が、夏場の大山参りを支援する講を組織し、その活動は昭和まで続いた。(19)

知切もしばしば大山参りを行なっていたようだが、あるとき代々の不動信者だという老人が父から聞いた話として、大山寺の境内に昔「伯耆坊さまの御堂があった」と聞かされ、翌朝、不動堂の近くを捜索したという。以下に知切自身の文章を引こう。

幸運に恵まれたのは、二時間程後だった。不動さま正面左側に涸れた川がある。平素は一滴の水もないが、降ると山から相当量の水が押し流されて激しい流れになる。その谷川へ下る斜面は、身の丈くらいの雑草に覆われている。その草叢の中に、半ば朽ちかけた二尺四面ばかりの堂宇が、横に転がっていた。それでも礎石のつもりか、細長い石が二つ台にしてあった。一応起して、壊れかかった扉を開いて見ると、正面の板切れに何やら書いてある。吹いたり、こすったりした末、ようやく判読できた文字は、「大天狗大山伯耆坊権現」らしい。
住職に談じこんで、早速境内にお移りを願って、不動堂横の、禊場の傍の水しぶきのかかる小高い所へ安置した。

これは昭和三十年前後のことという。知切は、老人の談話からして幕末には大山に伯耆坊が祀られていたことは確かで、「諸般の事情から察すると、それよりももっともっと以前から、大山に止住していたような気がする」として、伯耆坊移住説を提唱する。
この説は、特に大山阿夫利社周辺では知切の名前もなく紹介され、定説化しつつある。しかし古川柳や地域伝承をもとに『相模大山と古川柳』を著した根本行道は、山頂でまつられていた大天狗社、小天狗社と伯耆坊とは別だろうと明言している。[20]
大山寺の資料ではどうか。寛政四年（一七九二）に刊行された『大山不動霊験記』では、全十五巻、百三十一話にのぼる大山の霊験譚をあつめており、うち三話が天狗説話だ。[21]第九一話は、荻野宿の伴七の子に天狗が取り憑いて病気となり、祈祷してその要望を聞き出し、酒と供え物を用意して古塚の供養をしたところ平癒したという話。第九八話、第一〇〇話は、ともに天狗に誘われて大山参りを果たした人の話である。どちらも詳しい年代や、饗応した御師の名まで伝わっていて具体的だが、特に第九八話では、山伏の置いていった渋団扇に「石尊大権現大天狗小天狗」と書かれていた、という。ここからみても大山の天狗は固有名詞をもたなかったことがわかる。

松浦静山《まつらせいざん》（一七六〇～一八四一）の随筆『甲子夜話《かっしやわ》』では、天狗に遭遇した、天狗にさらわれたと称する人の話がいくつか紹介されているが、巻七三に、静山の屋敷に仕えていた下男、上総中崎村（千葉県夷隅郡か）の源左衛門という男の話がある。この男は七歳の祝いに氏神八幡宮に詣でて山伏にかどわかされ、八年を経て帰されたのが相模大山であった。さらに三年後、同じ山伏に連れられて越中立山へ至り、加賀白山へ続く大きな洞穴のなかで、権現と名乗る師僧について一年間修行したという。大山、立山、白山などの山伏の霊場が「魔界」（天狗界）につながっているようだが、権現は天狗ではなく僊人（仙人）、木葉天狗はハクロウなどと呼ぶそうだ。

このように相模大山は天狗説話の多い場ではあるが、「伯耆坊天狗」の名称が語られることは少ない。結局のところ伯耆坊移住説は、作家でテレビ人でもあった知切が、昭和三十年代に発見した「板切れ」をもとに発想したストーリーと見なすのが妥当である。仮に、幕末から近代にかけて相模大山で「大山伯耆坊」を奉じた天狗信仰が存在したとしても、表記に掛けて八天狗を持ち出した、新しい信仰と考えるしかない。(22)

相模坊の出自

白峯相模坊についてはこれまでも何度か紹介したが、『鞍馬天狗』や、作者不詳の能『松山天狗』で登場する。『松山天狗』では、保元の乱で敗れ讃岐国（香川県）に配流された崇徳院の廟所、白峯陵を西行が参拝し、歌を手向けたところ、歌に誘われて院の霊があらわれる。院が昔を思い出し怒り狂うところを慰めるのが、天狗の相模坊である。

抑《そもそ》もこれは、白峯に住んで年を経る、相模坊とはわが事なり。さて新院思はずも、この松山に崩御なる、常々参内申しつつ、御心を慰め申さんと。小天狗を引き連れて、翅を並べ数々に、翅を並べ数々に、この松山に随ひ奉り、逆臣の輩を悉くとりひしぎ、蹴殺し、会稽を雪がせ申すべし。叡慮を慰め。おはしませ(23)

これを見るかぎり相模坊は古くから白峯に住んでいた天狗の頭領のようである。前場で西行を白峯陵に案内した老翁（実は天狗）によれば、生前も院に従っていたのは白峯の相模坊ら天狗ばかりであったという。

西行が崇徳院霊を慰めたという伝承は、鎌倉時代の説話集『古事談《こじだん》』や、西行仮託の説話集『撰集抄《せんじゅうしょう》』にもある。しかしこれらに天狗は登場しない。一方、崇徳院には五部大乗経を海に投げ込み、髪も切らず爪も伸ばし生きながら魔王の姿になった、というよく知られた『保元物語』の伝承がある。相模坊も、『保元物語』に登場する相模阿闍梨《さがみのあじゃり》勝尊《しょうそん》がモデルという説がある。(24)勝尊は崇徳院、藤原頼長に味方して後白河天皇を呪詛し、捕らえられたという園城寺僧である。

さらに相模坊は、上田秋成『雨月物語』の一篇「白峰」でも印象的に描かれる。

朱をそそぎたる竜顔に、荊の髪、膝にかかるまで乱れ、白眼を吊あげ、熱き嘘をくるしげにつがせ給ふ。御衣は柿色のいたうすすびたるに、手足の爪は獣のごとく生のびて、さながら魔王の形、あさましくもおそろし。空にむかひて「相模、相模」と呼せ給ふ。「あ」と答へて、鳶のごとくの化鳥翔来り、前に伏て詔をまつ。院、かの化鳥にむかひ給ひ、「何ぞはやく重盛が命を奪て、雅仁・清盛をくるしめざる」。化鳥こたへていふ、「上皇の幸福いまだ尽ず。重盛が忠信ちかづきがたし。今より干支一周を待ば、重盛が命数、既に尽なん。他死せば、一族の幸福此時に亡べし」。院、手を拍て怡ばせ給ひ、「かの讐敵ことごとく此の前の海に尽すべし」と、御声、谷峰に響て凄しさいふべくもあらず。

ここでは院の怒りを慰めるどころか、院に従う「化鳥」である。作中に「天狗」の表現は一度もあらわれず、崇徳院も「魔王」と称される。秋成が「天狗」の滑稽なイメージを避けて使用しなかったとする宍戸道子氏の指摘は至当であろう。[25] 秋成は相模坊を、俳諧や昔話で親しまれる鼻高天狗、木の葉天狗とは違う魔性として、妖しく描き出した。

かくして白峯相模坊は日本屈指の古参天狗として定着している。ところが、実は相模坊を名乗る天狗が、もう一狗存在したという。天台宗寺門派本山、園城寺（三井寺）の天狗杉に名をとどめる、相模坊道了である。

園城寺の金輪運岳によれば、園城寺古文書のなかには修験者「相模坊（房）道了」の名が散見する。『熊野三山験記』第一巻中に、至徳元年（一三八四）七月、聖護院覚増法親王の大峰入りに際して悪鬼妖魔が妨げたとき、列にいた行者道了が法弓で結界し、斧をふるって妖魔を退治した。同一人物と思われる道了は康応元年（一三八九）、二年の行法に「相模房道了」としてあらわれ、『北林院日記』明徳四年（一三九三）九月十七日には、忽然として天狗に変じ、西山窓から金堂前の大杉の頂に移り、東方へ飛び去ってしまった、と記されているという。[26]

知切は、この「相模坊道了」を曹洞宗の名刹、大雄山最乗寺（神奈川県）の守護天狗として知られる「道了尊」の前身とする。道了尊は江戸時代半ばには独立して祠が設けられたほど関東一円に信仰された大天狗で、一般には最乗寺開山了庵慧明の弟子、妙覚道了が変じたものとされ、園城寺との関係は伝わっていない。戦国軍記『小田原記』にも了庵の弟子、道了（流）が生きながら天狗になったと記される。

小沢幹は、『北林院日記』明徳四年記事は山伏修行を終了した道了が東国すなわち故郷の相模国へ帰ったことを意味し、了庵が応永元年（一三九四）に相模に帰国して最乗寺を開いた年にも矛盾しないとする。[27]しかし園城寺の山伏道了が、曹洞宗の高僧了庵に仕え最乗寺を守護したというのはやや疑問である。

園城寺の「相模坊道了」説話がいつごろ成立したかはわからない。ここでは白峯寺の信仰に即して、「相模坊」についてもう少し想像をめぐらせてみよう。

白峯寺の信仰

白峯寺は真言宗御室派の寺院で、その名は鎌倉時代の日記資料にも散見する。また寺蔵の十一面観音像、不動明王像は平安時代の製作とされる。崇徳院廟所として、また四国霊場八十八所第八十一番札所として、皇室や地元高松藩からの崇敬もあつく、巡礼者の絶えない寺である。

現存の『白峯寺縁起』は、応永十三年（一四〇六）、漢学者の清原良賢が筆写したもので、これによれば白峯寺の開山は弘法大師空海にさかのぼり、その後智証大師円珍が山神の老翁の導きにより千手観音を本尊とする仏堂を建立したという。[28]この開創伝承は真言宗だけでなく円珍の門流を継ぐ園城寺との関係を想像させる。

寺域西北に崇徳院の廟所が設けられ、院を供養する法華堂（頓証寺）が建てられた。『縁起』では、魔王となった崇徳院を慕い、「今も御廟所には、番の鵄とて毎日一羽伺候するなり」と語られる。西行の廻向は仁安元年（一一六六）十月のことという。以降、歴代天皇からの崇敬もあったが、永徳二年（一三八二）の天火（落雷か）により焼失、細川頼之の援助により再興したとされる。

『縁起』の記述をふまえれば、古代の山岳寺院として出発した白峯寺が、中世には西行による崇徳院廻向の伝承を取り込み廟所として繁栄、永徳二年の焼亡から再興を遂げる過程で天狗の伝承も付け加わったことが推測できる。

ところが江戸時代初期に、四国遍路の整備をうけて成立した『四国偏礼霊場記』という地誌（ガイドブック）の記事では、さらに相模坊の存在感が増し、明らかな信仰対象となっている。要約を示すと、崇徳院が保元の乱でこの国にお移りになり、ついに崩御されてこの山に葬り奉った。御廟は玉で彫りあげ、左の殿は千手観音、右の殿には相模坊を祀った。相模坊は形ち天狗。本地不動にて南海の守護神となった。(29)

相模坊には「さがん」のルビが打たれており、現地の呼称を反映したと思われる。ここでは本尊の千手観音に対置され、形は天狗だが本体は不動明王、南海の守護神であるという。寛政四年（一七九二）自序の新居直矩『香西記』「八、松山詣綾北往来」には相模坊を「山の主」と紹介している。(30)おそらく『縁起』で円珍を導いたとされる山神を仏教的に位置づけた結果、修験で重視される不動明王につながる天狗「相模坊」信仰が成立したのだろう。

白峯寺をふくむ八十八所四国遍路がいつ頃から整備されたかは諸説あるが、その形成には熊野の先達をはじめ山伏、修験者の関与があったようである。霊場を結ぶネットワークの構築に参加したのだろう。これをふまえると歴代の熊野検校を輩出した、園城寺を拠点とする本山派修験との関係が想像される。一方の相模坊の由来については、既述のとおり園城寺の相模阿闍梨勝尊が比定されているが、園城寺には「相模坊道了」の説話もあった。ここでは結論を出さず、ただ園城寺に関係する複数の「相模坊」説話と、円珍の開創伝承をもつ山岳修験の寺でもあった白峯寺で成立した「相模坊」信仰に、何らかの連絡があった可能性を示唆するに止めよう。

大峯前鬼は修験道の開祖、役小角に従ったという鬼である。前鬼、後鬼の夫婦ともいわれ、吉野郡下北山村の前鬼と呼ばれる集落に、鬼の子孫という五家が伝わっている。

慶長十七年（一六一二）の銘をもつ釣り鐘には「鬼熊、鬼上、鬼継、鬼助、鬼童」の名が刻まれており、少なくとも戦国時代末から五鬼家の子孫が代々宿坊を営み、山伏の修行場を支えてきた。現在も六十一代五鬼助家の当主が宿坊を守っている。

もともと修行者に仕え、修行を助ける鬼神の存在は仏教経典にあらわれ、道教でも神仙が鬼神を使役して魔除けや疫病鎮めを行なう。こうした道、仏の説話から影響をうけ、『日本霊異記』や『法華験記』など、日本説話集でも山林修行者が鬼神や護法童子と呼ばれる存在を使役すると語られた。十二世紀にさかのぼるという円楽寺（山梨県）役小角半跏像にも脇侍の二鬼像が造られている。(31)

しかし、これらの鬼神に名前が付けられるのはそれほど古くはないようだ。修験道研究の第一人者、宮家準氏によれば「前鬼」の名は十四世紀末ごろからいくつかの資料に見えるという。(32) そのひとつ、役行者の一代記である『役行者本紀』では、小角は大峯の抖擻修行にあたり、二鬼を捕えて後続の峰入り行者たちを導かせることにした。二鬼は天手力男命《あめのたぢからをのみこと》の末孫で夫婦であり、夫は善童鬼、妻は妙童鬼といい、常に行者の左右に付き従ったため前鬼、後鬼ともいう。善童鬼は左にいてまさかりをもって迷いの道を切り開き、妙童鬼は行者の右側にいて、水瓶から胎蔵大慈の理水をほどこすという。(33)

一方、江戸時代初めに修験道教義をまとめた『修験修要秘決集』には役行者像の説明があり、脇侍として左に水瓶を持ち青色で口を開いた禅童鬼（義覚）、右に斧と剣を持ち赤色で口を閉じた智童鬼（義賢）

を配する、という。左右に違いはあるが、おおむね同じ記載であり、山伏としての名称も記されている。[34]また、この二鬼の子を「鬼一、鬼次、鬼助、鬼虎、鬼彦」の五鬼として、親の二鬼が人を喰うのを知った小角が末子の鬼彦を隠し、嘆き悲しむ二鬼に対して愛児を失った親の苦しみを諭して教化した、という鬼子母神説話の変型を取り込むものもある。

かねて修験霊場の縁起では、魔物とされた在地の神霊を降伏させ、霊場の守護神として位置づける説話が多く語られていたようだ。大峯前鬼を天狗と読み替えたのは、謡曲作者の創意とも思えないので、おそらく修験説話から能に取り込まれたのだろう。十四・五世紀に修験者によって語られた前鬼の説話は、室町・戦国を経て、天狗説話として受け入れられていく。

彦山豊前坊

谺《こだま》して山ほととぎすほしいまゝ　　杉田久女

大正俳句のひとつの頂点を築いたとされる小倉の俳人、杉田久女（一八九〇〜一九四六）の代表句は、英彦山（福岡県添田町・大分県中津市）で詠まれた。深山の静寂を支配するようなホトトギスの声を、のびのびと言い止めた名句であり、当時新聞社が主催した「日本新名勝俳句」では師の高浜虚子に高く評価され、金賞二十句にも撰ばれた。

同じく久女は、

橡《とち》の実のつぶて颪や豊前坊

の句で、「日本新名勝俳句」銀賞にも輝いている。英彦山の北東部中腹、豊前坊天狗を祀る高住神社にちなんだ句だ。古くは豊前窟、竹台権現ともよばれ、明治になって高住神社と称し豊日別尊を主神とした。英彦山の表記は霊元天皇（一六五四～一七三二）の代に改められたもので、元来は彦山と書くが、修験霊場としては少なくとも平安時代にさかのぼる。はやく鎌倉時代成立の『彦山流記』には、彦山権現を四十九の霊窟に分祀したとあり、その第十八窟を「豊前窟　憐愍《れんびん》童子」としている。当初から天狗ととらえられていたのか、在地の神格をのちに天狗と理解したのかはわからないが、能『鞍馬天狗』では諸国の天狗の第一に豊前坊の名をあげ、西国を代表する

月岡芳年「小早川隆景彦山ノ天狗問答之図」
『新形三十六怪撰』（国立国会図書館 蔵）

天狗として知られていたことが明らかである。

よく知られた逸話として小早川隆景（一五三三～九七）との問答がある。幕末の浮世絵師、月岡芳年《つきおかよしとし》が『新形三十六怪撰』という妖怪画シリーズに「小早川隆景彦山ノ天狗問答之図」として描いているので、ご覧になった方もいるだろう。

この逸話は岩国吉川家に仕えた香川正矩という人物がまとめた『陰徳記』、およびその遺稿をもとに次男景継が補訂、潤色した『陰徳太平記』（正徳二年、一七一二刊行）が出典らしい。ここでは『陰徳太平記』七七「小早川隆景天狗山伏と問答の事」をもとに要約して紹介する。

天正十九年（一五九一）、朝鮮出兵を思い立った秀吉の命により、小早川隆景は彦山の楠を軍船製造のため伐採することになる。隆景が山に上ると、身の丈七尺に余る異様な大山伏が現れたため、ただちに豊前坊と見抜いた。大天狗は、開基以来の古木を伐採することは仏神を恐れぬ悪逆無道の振る舞いだと批難する。しかし隆景は憶せず、関白に背くことは天子に逆らうことであり、樹木の愛着に縛られ私に法を破るなら山伏こそ外道であると反論したところ、山伏は納得し、姿を消したという。(35)

郷土誌では、豊前坊は天竺から飛来してこの霊木で羽を休めたといわれ、衆徒の反対を制して切ろうとすると暴風が吹き荒れ、大山伏が出現して隆景を詰問したという伝承が確認できる。(36)こうして出来た軍船が、安宅丸であるとしている。隆景の反論として、日本の国威発揚云々といった文言が加わっていくのは対外意識の反映かもしれない。

小早川隆景は毛利元就の三男。小早川家に養子に入り、次兄吉川元春とともに毛利宗家を支え、特に秀吉への帰順を主導したとされる。そのため秀吉の信頼厚く、安芸、備後の一部と、筑前一国、筑後、肥前各二郡という広大な領地を与えられ、朝鮮出兵では主力として活躍した。『陰徳太平記』をはじめ近世軍記のなかでは冷静沈着な智将として描かれ、この説話でも理非をわきまえた仁将と絶賛されている。

豊前坊が天竺から飛来したと語られるのは、『彦山流記』に代表される中世縁起の影響だろう。縁起によれば、彦山権現は東土利生（東の国を仏法で救う）のため、天竺摩訶提国から天台山の旧跡を経て、豊前国（福岡県）に渡来したとされている。

この伝承は『熊野権現垂迹縁起』とよく似ており、彦山修験が熊野の支配から独立する時期に主張されたという。彦山修験の勢力は南北朝から室町時代にかけて九州全域に拡大し、戦勝祈願などの信仰を集めた。西国の雄、豊前坊の説話は中世以来脈々と受け継がれる彦山修験の威勢を伝えるものといえる。

飯綱三郎

八天狗のうち、伯耆坊は伯耆大山の天狗なので、残る東日本の天狗は飯綱三郎しかいない。これは江戸時代にも京を中心とした謡曲や寺社縁起の教養が伝承の基盤だったことを示している。そのなかで飯綱三郎は、愛宕太郎、比良次郎に続く、日本第三の天狗として有名であり、飯綱信仰の主神、飯綱権現（飯綱明神）と同体とされる。

飯綱山（長野県）は、北信五岳と呼ばれ戸隠とも近いことから、戸隠修験と一体の霊場として発展したらしい。[37]鎌倉時代成立の『阿娑縛抄』には、嘉祥二年（八四九）、戸隠山を開いた学問行者がまず飯綱山に祈念したとあり、霊場としての飯綱山は遅くとも鎌倉時代初めに成立していたようだ。

室町時代初期成立という『戸隠山顕光寺流記』には飯綱の神が祀られた由来を次のように語る。[38]

飯綱大明神が天福元年癸巳歳（一二三三）、住僧に託して言うに「我は日本第三の天狗である。願わくはこの山の傍で（戸隠）権現の慈悲にあずかり、三熱の苦を脱することができれば、必ずや当山の鎮守神となるだろう」と。

魔道に苦しむ姿と信仰面が同居した、興味深い記述である。神が成仏を願う神身離脱思想に近い。幕府の管領、細川政元が愛宕で修行した修験者に傾倒していた同時代か、やや早く、信州では戸隠から別れた修験集団が「千日大夫」と呼ばれる先達を中心に活動している。ここで新たな呪法や天狗説話を取り入れたのかもしれない。

細川政元と言動の類似が指摘される上杉謙信こと長尾景虎も、飯綱の信仰者として名高く、常用した朱印の印文は「勝軍地蔵摩利支天飯綱明神」であった。一方で、ライバル関係にあった武田信玄も飯綱の千日大夫に対して所領を安堵する代わり、武運長久の祈りを続けるよう求めた書状が残っている。信州飯綱は、戦国武将たちがしのぎを削る係争地であるとともに、戦勝祈願を担う修験者が大きな存在感をもつ土地であった。

飯綱信仰の発祥については二説があり、ひとつはもちろん飯綱山の修験であるとする説。山の名前は「飯砂」または「天狗の麦飯」と呼ばれる食用植物の塊に由来するという。ある種の菌類などの複合体らしいが、標高一〇〇〇メートル以上の火山性山地の地表にのみ繁殖し、山岳修行者たちの間で非常用に食されたらしい。

もうひとつは呪法の名としての「飯綱の法」が先にあって、やがて神像や信仰集団が作られ、山の名に付けられたという説である。「飯綱の法」といって想起されるのは、天狗よりもむしろ狐を使った呪法であろう。飯綱権現の神像は、剣を持った鳥頭人身の天狗が白狐の上に騎乗する姿で描かれる。この図像は日本で稲荷神と習合した荼吉尼天《だきにてん》の影響が強いため、稲荷との関係も無視できない。

荼吉尼天（吒枳尼天）は本来ヒンドゥー教のダーキニーで、野干（ジャッカル）を眷属とする鬼女という。野干は日本では狐の異名として定着しており、稲荷神とも習合した。荼吉尼天の呪法は密教において重視されたが、性愛や呪殺に関わるためしばしば外法などと呼ばれる。実際には王朝文化のなかで男女の仲をとりもち、子の誕生を祈る呪法はきわめて重視されており、密教論理として精緻に位置づけられていた。荼吉尼天呪法がいつから稲荷山で定着したかはわからないが、大江匡房『新猿楽記《しんさるがくき》』に、老齢の本妻が稲荷山の愛法を修する描写があり、庶民にとっても男女の縁を祈る修法が身近だったことがわかる。それに応えて民間宗教者が横行したことも間違いない。(39)

稲荷信仰の総本宮である稲荷山（京都府伏見区）は、標高はそれほど高くないが広大で、東寺につらなる真言密教の霊場であった。その霊験としては愛法や、憑きもの落としなどが期待された。室町時代には鍛冶職からの信仰もあり、山の神、火の神としての性格も備えていたと考えられている。(40)

同じ荼吉尼天信仰でも飯綱信仰はより山岳修験の色が強く、狐と同様に憑きものとされる天狗説話をとりこんだのは自然な流れだっただろう。実態を追うことは難しいが、修験のネットワークによって愛宕山に勝軍地蔵信仰がもたらされたように、修験者の活動を通じて多様な信仰が入り交じりながら各地に定着していったことがうかがえる。

秋葉三尺坊

飯綱信仰と切っても切れない関係にある遠州秋葉山（静岡県浜松市）の秋葉神社に祀られる秋葉権現は、愛宕と並ぶ火伏せの信仰で知られる。江戸時代中期の国学者、天野信景《あまののぶかげ》の『塩尻』では次のようにまとめている。

ある人が「飯綱は何の神か」と聞くので、私は「陀祇尼天である。我が国の神ではなく、奥州仙台の飯綱山で祀れば飯綱三郎、遠州秋葉山では三尺坊という。讃岐の金毘羅、京都の愛宕ではまた名前が異なっている。……」などと答えた。(41)

「飯綱山」を奥州仙台（宮城県）とするなど不正確な情報があるが、飯綱、稲荷、秋葉、金比羅、愛宕の諸神を同体と説明する。ではこの秋葉権現とは何者だろうか。

通説によれば、秋葉権現はもと三尺坊という修験者であった。秋葉権現と三尺坊は本来別とする説もあり、秋葉山には古代から山の信仰が成立していたといわれるが、江戸時代初期に起こった三尺坊信仰によって信仰圏が拡大する。三尺坊は『天狗経』などでも天狗として扱われ、典型的な天狗信仰として興味深い。

江戸時代半ばに成立した『正一位秋葉山大権現縁起』などいくつかの伝承を整理して三尺坊の伝記をまとめてみよう。それによれば信州の生まれで観音、または迦楼羅天の化身と伝え、長じて出家すると越後（新潟県）蔵王堂十二坊の第一、三尺坊を任された。不動三昧の法を行なう途中、「鳥形両翼」にして左右の手に剣と索（縄）をもつ姿を現じ、白狐の背に乗って飛行し秋葉山に至る。のち諸国を廻ったが、永仁二年（一二九四）に秋葉山に帰り、権現として祀られたという[42]。

信州の生まれで白狐に乗る鳥形人身の図像をもち、火伏せ信仰をもつといった特徴は、三尺坊信仰が戸隠・飯綱信仰の影響下に、愛宕信仰と習合して成立したことを示している。そして白狐に乗る鳥形人身の図像は、関東一円の天狗信仰において共有され、高尾山の飯綱権現や、大雄山最乗寺の道了尊も同様の姿をとっている。

成立の遅れる秋葉三尺坊信仰はともかく、愛宕、飯綱、そして稲荷といった諸信仰と各地の天狗説話がどう関係してきたかを明らかにすることは難しい。現世利益、現場の需要に答える民間信仰は、必要に応じて臨機応変、融通無碍に習合し、変化するためだ。名称（〇〇信仰）と内容は必ずしも一致せず、あとからまとめられた可能性もある。

しかし相互に影響し、混じり合うこれらの信仰について、やや強引に原理的な特徴を整理すれば次のようになるだろう。

稲荷信仰：密教呪法→修験、愛法、現世利益　：狐

愛宕信仰：念仏、地蔵↓戦勝祈願、山岳修験、火伏せ　：天狗
飯綱信仰：山岳修験、戦勝祈願、現世利益（憑きもの）：狐、天狗
秋葉信仰：山岳修験、戦勝祈願、火伏せ　：天狗

一概には言えないが、おおむね右から左へ、古い信仰から新しい信仰への影響・波及関係が認められ、貴族から武家、庶民と信仰圏も広がっていく。

こうした信仰とは別に、園城寺や熊野・大峯で発展した山岳修験の系譜があり、また民間では竈の神としての荒神が三宝荒神という仏神と混同され、火伏せの信仰があった。これら多様な民間信仰が入り交じったところに、天狗信仰が成立していったのだ。

比良山次郎坊と八天狗

八天狗のなかで比良山次郎坊は、由緒でいえば愛宕太郎坊に次ぐ天狗界のナンバーツーだが、エピソードらしいエピソードはまったくない、影の薄い天狗である。

比良山は滋賀県琵琶湖西岸から京都府境につらなる比良山地のことで、狭義では蓬萊山をさすが、西は丹波山地、南は比叡山地につながり、古くから天台や、南都興福寺系の山林寺院が建立された。天狗の山としても『今昔物語集』に、蛇に化けていた満濃池の龍をつかまえてあとで蹴殺されてしまった天狗が登場し、比良山の天狗のロングインタビューを収録した『比良山古人霊託』という奇書もある。謡

曲『花月』にも、

愛宕の山の太郎坊。比良の峯の次郎坊。

と併称されている。能『車僧』、幸若舞『未来記』などで愛宕太郎坊とともに登場する「平野山（平野の峯）二郎坊」も、おそらく同一だろう。

江戸幕府に仕えた儒者、林羅山（一五八三〜一六五七）の記した『本朝神社考』下「鞍馬山僧正ヶ谷」には、慶長十九年（一六一四）に比叡山の奴、二郎が天狗にさらわれた話が紹介されている。この男は数日間姿を消していたが、現れて言うには、ある人に伴われて伯耆大山に至り、彦山や愛宕、比良から参集した人々に会った、そこで愛宕太郎坊、比叡次郎坊などが、東西の合戦は東軍が勝つ趨勢だと話し合っていたという。

この「二郎」という男は、人々が自分の話を信じないと平地を飛び上がり、巨石を飛ばす、扉を投げる、大声で歌うなど暴れたというので、天狗の仲間入りをしたようだ。事件の典拠と考えられる『駿府記』慶長十九年五月二十二日条には、南光坊天海が語った事件と記される。行方不明になっていた男は「我、当山（叡山）の二郎坊の使者として愛宕山太郎坊、鞍馬大僧正、彦山豊前坊、大山伯耆坊、上野妙義法印、叡山へ参るべき由の御触れあり」などと呼ばわったという。天狗と一体化してしまったのだろうか。

羅山はこの事件に『太平記』「雲景未来記」をふまえた天狗たちの評定や、伊勢踊りの流行という時事ネタをふまえ、東西の合戦（時期からみて大坂の陣）の予言として演出する一方、怪しい流言を広める仏教者批判を行なったと考えられている(43)。

この説話では比良の天狗と比叡次郎坊の関係がわかりにくいが、古浄瑠璃『天狗の内裏』諸本には「ひらの山の次郎坊」が「ひへの山」になっているものがある。お伽草子『愛宕地蔵物語』にも「比叡山次郎坊」とあらわれ、同じ比叡・比良山地の天狗である。

そのほか、近隣には「伊吹山難杖坊」（『諏訪の本地』）、「伊吹の鉄五郎」（『天狗そろへ』）、「長命寺普門坊」（『閑田耕筆』）、『天狗経』には「如意ヶ嶽薬師坊」、「比叡山法性坊」、「横川覚海坊」などの天狗名が伝わる。さすがに滋賀県は天台宗の二大拠点、比叡山延暦寺と園城寺があり、古代以来の霊場も多く、天狗説話に事欠かない。しかし愛宕山や彦山のような山岳信仰を背景に語られる天狗とはやや毛色が違う。

能『車僧』では愛宕太郎坊が鞍馬山僧正坊、平野二郎坊などの仲間を呼び寄せ、「十二天狗、八天狗」と称している。比良（比叡）の次郎坊は、能や軍記、お伽草子といった文芸面の蓄積によって八天狗に名を連ねた天狗といえよう。

そもそも修験と関連深い不動明王には八大童子と呼ばれる侍者がおり、雨乞いの祈願をうける八大龍王など、「八」を冠する神仏は多い。八天狗もこうした発想から生まれたと考えてよいが、興味深いことに八天狗を信仰対象とする神社も存在する。

伊藤慎吾氏の紹介する八天神社（佐賀県嬉野市）では、「大唐の天狗の首領善界坊」が本朝を侵そうとしたとき、本朝の山々を守る八天狗が飛来して不可思議の秘法を修し、善界坊を追い返したという縁起が残されている。[44] 八天神社は近世には八天狗社と呼ばれ、天狗を記紀神話に結びつけて祭祀の由来としているという。

つまり山岳霊場に伝わる天狗信仰も、修験との単純な関係で解明することはできない。文芸との交流や信仰の変遷をへて歴史的に形成された天狗説話の一面なのだ。

高尾山の天狗

東京近郊でもっとも有名な「天狗の山」は高尾山だろう。ハイキングやかるい登山の場としておなじみで、天狗といえば高尾、というイメージをもつ人は多いようだ。高尾山の天狗は名前も伝わっておらず、八天狗に数えられるような古参ではないが、銘々伝の最後に、高尾山についてふれておくことにする。

高尾山薬王院が飯綱権現を勧請したのは、永和元年（一三七五）のことという。薬王院は行基による開基伝承をもつが、古い記録は残っておらず、永和のころ当山派修験の醍醐寺から俊源が来遊し、再興したのだといわれる。

その後、戦国時代になって関東を支配した後北条氏が信仰したが、豊臣秀吉による北条攻めをうけ、しばらくは衰退したようだ。薬王院は俊源の法流が代々継承されたというが、俊源の存在を語るもっと

高尾山のたこ杉
（撮影＝白澤社編集部）

高尾山薬王院の天狗像（撮影＝白澤社編集部）

も古い資料は天正五年（一五七七）の文書という。(45) こうした資料の制約もあって、十五世紀以前の高尾山信仰について語ることは難しい。

江戸時代には幕府によって領地が安堵されており、特に寛永期（一六二四～四四）に薬王院十世・尭秀《ぎょうしゅう》が中心となって堂舎を再興したことが繁栄のきっかけとなった。享保年間（一七一六～三四）からは御三家の一つ、紀伊徳川家からの帰依を受け、飯綱権現の本地である不動明王の霊地として、また江戸郊外の景勝地として、多くの参詣客が訪れるようになった。明治には神仏分離令の影響もあったものの、登山や自然観察といったレジャーの普及で再注目され、大正十年から昭和二年にかけてケーブルカーも設立、開業したことで現在まで人気の観光地になっている。

高尾山の天狗は飯綱権現の使者と語られ、境内の天狗社には健康や運動などの利益を求めてゲタやスニーカーが奉納されている。しかし古い文献には登場せず、民間伝承として近代に採集されたものがほとんどだ。よく知られた話に「たこ杉の由来」がある。

薬王院の参道に大杉の根がのびて参拝客が難儀をしていたが、ある夜を境に何本も出張っていた根が一方に押し上げられ、通りやすくなっていた。これは参拝しやすいように天狗が一夜で押し曲げたのだといい、高尾の天狗は「悪さをせず、非行をしないので有名」という。[46] あるいは、天狗が杉を切り倒そうと相談しているのを聞いて、杉の木が恐れて自分で根を引っ込めた、という異伝もある。[47] 神霊と同化した典型例にみえる高尾山の天狗説話も「非行」の天狗説話史を前提としていることは興味深い。

やはり天狗信仰も、単純に山伏をモデルとした妖怪や、山の神が零落したというだけではない。古代、中世の天狗にも山に棲むという言説はあり、山との関わりは深いようにみえるが、第一義として強調されはじめたのは室町時代に修験と結びついてからである。そして修験を通じ武家や庶民の信仰のなかで天狗信仰も広がったのである。

〈注〉

(1) 以下、『是害房絵』については『新修日本絵巻物全集 天狗草紙・是害房絵』角川書店、一九七八年。久留島元「『是害房絵』の基本的構成」『文化学年報』六〇、二〇一一年、同「『是害房絵』諸本の展開」『国語国文』八二・六号、二〇一三年六月などを参照。
(2) 良源信仰については原田正俊『日本中世の禅宗と社会』吉川弘文館、一九九八年など。
(3) 『大日本古記録　建内記』岩波書店、一九六三年。
(4) 『図書寮叢刊看聞日記』明治書院、二〇〇二年。
(5) 「善界」『新編日本古典文学全集 謡曲集(2)』小学館、一九九八年。
(6) 徳江元正『室町芸能史論攷』三弥井書店、一九八四年。

(7)本田安次『本田安次著作集　日本の伝統芸能　第五巻神楽Ⅴ』(錦正社、一九九四年)。文化庁『無形文化財記録芸能編　民俗芸能〈神楽〉』(第一法規出版、一九七〇年)。
(8)久留島元「『是害房絵』の近世―愛知教育大学チェンバレン・杉浦文庫『和漢天狗会話』について―」『説話文学研究』九、二〇一四年一〇月。
(9)梅津次郎「是害房絵巻の変遷」『絵巻物叢考』中央公論美術出版、一九六八年。
(10)服部幸造・美濃部重克・弓削繁編『月庵酔醒記』三弥井書店、二〇〇七年。
(11)「天狗の内裏」『古典文庫 第二五二冊古浄瑠璃集 加賀掾正本(二)』一九六八年。
(12)岡本勝『貴重古典籍叢刊　近世初期上方子供絵本』角川書店、一九九五年。
(13)高野辰之編『日本歌謡集成』七、春秋社、一九二八年。
(14)松谷みよ子『現代民話考一』ちくま文庫、二〇〇三年所収。原話は、『愛知県伝説集』(郷土研究社)。ただし「東春井郡」は誤りで、「東春日井郡」と思われる。
(15)松谷みよ子『現代民話考一』ちくま文庫、所収。原話は、話者・山田一義、浅川欽一編著『秋山物語』(スタジオゆにーく)。
(16)松岡布政『伯耆民談記』佐伯元吉発行、一九二七年。
(17)「伯耆国大山寺縁起」『続群書類従』第二八輯上、続群書類従完成会。「大山寺縁起(伯耆大山)」五来重編『山岳宗教史研究叢書18　修験道史料集Ⅱ』名著出版、一九八四年。
(18)五来重『山の宗教　修験道案内』角川選書、一九九一年。のち角川ソフィア文庫、二〇〇八年。
(19)圭室文雄編『民衆宗教史叢書二二　大山信仰』雄山閣、一九九二年。
(20)根本行道『相模大山と古川柳』東峰書房、一九六九年。
(21)国立公文書館『大山不動霊験記』、川島敏郎「古記録からみた大山信仰の諸相」『神奈川県立公文書館紀要』六、二〇〇八年一二月。

(22)大山相模坊、白峰相模坊については毛利恵太氏も同様の見解で研究報告しており、資料について教示をうけた。「異類の会」一三五回研究会、二〇二三年七月三〇日。
(23)「松山天狗」『謡曲大観 第五巻』明治書院、一九六四年。
(24)野田寿雄『評註雨月物語全釈』武蔵野書院、一九六三年など。
(25)宍戸道子「「白峯」と「祈祷はなでこむ天狗の羽帚」の表現—言葉としての天狗—」『読本研究新集』四、二〇〇三年六月。
(26)「最乗寺由来記」『大雄山誌』大雄山最乗寺、一九六一年。
(27)小沢幹『伊勢原史話』第一集、伊勢原市教育委員会、一九八三年。
(28)『香川叢書』第一、香川県、一九三九年。
(29)近藤喜博編『弘法大師御生誕一二〇〇年記念出版　四国霊場記集』勉誠社、一九七三年。なお、「四国偏礼霊場記」の記述は延宝五年(一六七七)刊行の小西可春『玉藻集』に拠ったと思われる。毛利恵太氏示教。
(30)『香川叢書』第三、香川県、一九四三年。
(31)『役行者と修験道の世界—山岳信仰の秘宝—』大阪市立美術館、一九九九年。
(32)宮家準『大峯修験道の研究』佼成出版社、一九八八年。
(33)「役行者本紀」『日本大蔵経』三八、一九一九年。
(34)「修験修要秘決集」『日本大蔵経』三七、一九一九年。
(35)『陰徳太平記 復刻』マツノ書店、二〇〇〇年。
(36)添田町教育委員会『昭和四十六年度英彦山民俗資料緊急調査中間報告書　英彦山の民俗』、添田郷土史会『郷土史誌　そえだ』九号、一九八五年三月。
(37)鈴木昭英編『山岳宗教史研究叢書九　富士・御岳と中部霊山』名著出版、一九七八年。
(38)五来重編『山岳宗教史研究叢書一七　修験道史料集I』名著出版、一九八三年。

(39)田中貴子『性愛の日本中世』ちくま学芸文庫、二〇〇四年。同『外法と愛法の中世』平凡社ライブラリー、二〇〇六年。
(40)大森惠子『稲荷信仰の世界――稲荷祭と神仏習合』慶友社、二〇一一年。
(41)「塩尻」『日本随筆大成』一三~一六、吉川弘文館、一九七七年。
(42)田村貞雄監修、中野東禅、吉田俊秀編『民衆宗教史叢書三一　秋葉信仰』雄山閣出版、一九九八年。
(43)木場貴俊「フィクションとしての怪異」『怪異をつくる日本近世怪異文化史』文学通信、二〇二〇年。
(44)伊藤慎吾『お伽草子超入門』勉誠出版、二〇二〇年。
(45)外山徹『武州高尾山の歴史と信仰』同成社、二〇一一年。
(46)原田重久『武蔵野の民話と伝説』上巻、有峰書店、一九七四年。
(47)菊地正『高尾山昔話とんとんむかし』ふこく出版、一九九六年。

第四章　天狗の行方

1　天狗説話の広がり

中世の天狗はあくまでも「魔」であり、悪霊であって、修行者を誘惑して魔道にいざなったり、人に取り憑いたり、かどわかしたり、害をもたらす存在だった。修験道も仏教をベースとする限り、天狗を魔のものとする前提が崩れることはない。そうした魔を調伏し従えるのが「修験」であり、天狗は、山入りの危険を象徴する存在だったはずだ。

その前提が崩れはじめるのが室町時代中期である。修験を取り込んだ各地の縁起では天狗は仏法に奉仕し、守護する存在と語られた。また能『鞍馬天狗』では、天狗は魔でありながら源義経に兵法を伝え、源氏の守護者となる。そして能の影響下にある幸若舞『未来記』で天狗は「孝心」にあつい義経を評価して兵法を伝え、お伽草子『天狗の内裏』では義経を大日如来のもとに案内する役回りを担う。そして各地で成立した天狗信仰が、現在の天狗イメージを作り上げていた。改めて中世末期から近世にかけて、天狗像の展開をみていこう。

宣教師の見た天狗

ルイス・フロイス（一五三二〜九七）の著した『日本史』に次のような記述がある。

「この国の僧侶たちが行なっているもろもろの罪悪のために私どもが彼等を非難するので、彼等は私どもについていろいろ悪口を言います。ある人たちは、天狗が偶像を通じて語り、私どもは天狗の弟子であると言ったと言い、また、私どものために天狗が抛げた稲妻が王の館の上に落ちるのを見たという者も大勢おります。また、他の人たちは、私どもが人肉を喰うと言って、私どもを侮辱し、私どもの信用を失わせようとします。(1)」

ここでは仏教者たちがイエズス会の宣教師たちによる非難に対して「天狗」と反論していたことがわかる。一方で少しあとに作られた『妙貞問答』では、「天狗（悪魔）」はルシヘルをはじめ地獄《インヘルノ》で毒寒、毒熱の責めに苦しみ続けるものたちであり、キリスト教の教えを信じなければ同じように地獄で苦しむのだと説いている。そして

時として、あの神とか、この仏とかに神変不可思議なことがあったなどということは、この天狗が天上で高慢の野心をとげようと思ったけれども、できなかったので、せめては下界で人間にでも

敬われたいものと思い、木仏、石仏、宮、社のうちに〈こもり、それらに〉託して怪異な姿を現わすと、人は愚かなものですので、このような理由を知らず、本当に神や仏がなしたことかと思って、これを仰ぎ、とうとぶことなのです。愛宕の地蔵などというのは、みなみな天狗の真只中にあるものなのですよ。(2)

キリスト教以外の在来の神仏を天狗（悪魔）と呼び攻撃する。著者の不干斎ハビアンは加賀（石川県）に生まれ、天正十一年（一五八三）ごろキリシタンとなってキリシタン文献の訳書や教導書を執筆した人物。偶像崇拝を否定することは教理上当然として、注目すべきは特に愛宕をとりあげた点である。『妙貞問答』成立の慶長十年（一六〇五）ごろには、愛宕の地蔵と天狗を同一視していたことになる。

室町時代中期成立の『愛宕白雲寺縁起』でも、三国の天狗が愛宕を守護していると語られていたが、『妙貞問答』の記述では、すでに天狗そのものが信仰されていたように見える。天狗に対する変化について、もう少し事例を追ってみよう。

人を試す天狗

江戸時代初期に成立した浅井了意《あさいりょうい》『狗張子《いぬはりこ》』巻六ノ三に、武田信玄に仕えた武将、板垣信形《いたがきのぶかた》（?～一五四八）が天狗に出会ったという話がある。概要を紹介しよう。

信形は武勇の名が高く信玄秘蔵の勇将であったが、無思慮で軽率な振る舞いがあった。ある日、信形のもとに尋常でない形相の山伏が訪れ、興味をもった信形は山伏とその一行十人ばかりを屋敷でもてなした。山伏たちは羽黒山の行人で大峯、熊野を廻ってきたところだといい、食事の席で膳の上の箸を鎧武者の群に変化させ、戦の様子を見せるなどの幻術を披露する。信形が感心して教えを請うたので、家人は部屋から出た。夜が明けて家来が様子を見に来ると、山伏ではなく天狗を相手に打ち合いをしており、騒ぐと姿が消え、信形は前後不覚に眠っていた。家来たちは恐れたが、信形は気に留めず、また口外もしなかったが、いつの間にか漏れていた。信形はその後、気持ちが浮つき、分別のない行動をして、信州上田原の合戦で死んだ[3]。

これは信形や家臣が慢心したためにこのような「妖怪」をうけたのだという。ここでいう妖怪は天狗そのものより、天狗にたぶらかされた事件、現象のことをさす。『狗張子』の表現では、部屋をのぞいた家来の目に映った光景を

> 山伏とおもふ者は、人にはあらで、或は鼻の先高くそばだち、或は口のほど、鳥のくちばしのごとく、又は身に翅あり、異類異形の者どもなり。……十人の山ぶしどもは。いづちへか行けん、みな消えうせて、信形は、前後もしらず、労《つか》れ臥《ふし》たり。精進綺麗の膳部、肴以下は、少しも喰はず、捨ちらし、酒はこぼし流し、畳の上には鳥の足跡のごとくなるが、よごれて踏たる有様、疑がふ所もなく天狗どものあつまりけり

としており、『太平記』で北条高時の前に出現した田楽法師の描写「新本の田楽どもと見えつるは、一人も人の形はなくて、異類異形の鳶、山伏の質にてぞありける。……かの遊宴の席を見れば、誠に天狗の集まりたると覚しくて、踏み汚したる畳の上に、鳥獣の足跡多かりけり」を想起させる。(4)

すでに紹介した『義残後覚』の説話では、信玄も天狗らしき美少年に騙されたらしいので、武田家は君臣ともに天狗にたしなめられたことになる。むろんこれは滅亡した有名な戦国大名に託して後に作られた説話であり、『義残後覚』が『平家物語』の表現を借りたように、『狗張子』には『太平記』の表現が使われたのだろう。

『狗張子』は元禄五年（一六九二）刊行。文学史上は仮名草子と位置づけられ、中国の志怪小説や日本の説話をもとに脚色ないし創作した短編四十五篇がおさめられている。一方で著者の了意は浄土真宗の唱導僧でもあり、多くの仏書、啓蒙書を著した。了意の死後に出版された『狗張子』も比較的唱導の性格が強いとされている。

同じく巻六ノ五は、杉田彦左衛門という武士が日光山の孫太郎という天狗に会ったという話。彦左衛門は不敵な性格で、日ごろから強盗、物取りをするような男だった。ある年の九月、孫太郎天狗が巨大な山伏の姿で道に立ちふさがったが、彦左衛門は馬上で刀を振りまわし「汝は日光の孫太郎か、その道あけよ」と通り抜けたところ、孫太郎は、来年四月十五日に必ずとり殺してやる、と宣言して消えた。その言葉どおり彦左衛門は二月の末から病み付き、四月十五日に狂乱して死んだという。

彦左衛門の葬礼は雷雨はげしく、空から「死体を渡せ」と怪しい声があったが、国西寺の国道和尚が一喝しておさめた。国道和尚はのちに、彦左衛門は慢心して悪行を働いたので正気を失い妖怪にあったのだ、妖は妖を呼ぶので神仏を信じ正しく生きなくてはならない、と説いたという。

葬礼の最中に死体を奪おうとする怪異としてよく知られるのは「火車」だろう。全国の昔話、伝説で語られ、正体は年経た猫であるともいうが、この説話では日光の天狗だったという。これが天狗説話として語られたのは、悪人を懲らしめるという行為が天狗にふさわしいと考えられたためだろう。中世には、自分が偉いと高慢に陥った僧侶が天狗になったのに、いつのまにか天狗は本当にえらくなって、人々を裁き、懲罰を与える権威的存在になっていたのである。

悪心を憎む天狗

賤ケ岳七本槍で知られる勇将、福島正則も天狗に戒められたという話がある。

宝永二～三年（一七〇五～六）に刊行された『観音冥応集』巻三に載る説話によれば、正則は安芸（広島県）の大名に任じられた際、厳島明神の社領を減らそうとしたため厳島三鬼坊の怒りを買い、領内に種々の怪があった。正則が弥山へ参詣しようとすると山伏が現れ「この路は太守であっても邪見放逸の人は通せない」と宣言しにらみつけたため、さすが豪勇の正則も動けなくなった。神主のとりなしで改心を誓い、三鬼堂を建立するなど信仰をふかくしたが、その後も悪逆は改まらず、厳島の神領を削るなどしたため、元和四年七月に配流となり、家は滅亡した、という。(5)

正則は豊臣秀吉に仕えて大名となったが、関ケ原合戦では徳川家康につき東軍の主力となり、安芸広島城に入った。その後、広島城の改築を無断で行なったとして元和五年（一六一九）に改易される。改易という事実の説明に悪行が強調された説話である。

享保十七年（一七三二）刊行の『太平百物語』巻五にも、「ある国の太守君」が領内の木々を伐採し、山の天狗が恨んで屋敷の女房たちの髪を夜ごと髻ごと切ってしまった、主君は天狗の所為と考えて樹木の伐採をとりやめたという話がある。評として、これはどこの国のことかわからない、あるいは中国の故事を近時のように言い換えたものかもしれない、などと記されている。(6)

悪心を戒める天狗の話はほかにもある。同じく『太平百物語』巻三に、土佐国（高知県）の悪次郎という豪胆な男が朋友に誘われて讃岐白峯に登り、天狗に会ったという話がある。悪次郎は常々、化物は臆病者の言うことだと馬鹿にしていたが、白峯の奥には確かに化け物がいる、日本無双の魔所であると聞かされて早速向かった。途中、榎木の精を名乗る老人に忠告を受けながらもなお進むと、十四五歳の童子が迎えに出て、巨大な楼門の館へ案内された。化け物の大将は自ら

> 我このところに久しく住んで、世の中に我慢放逸或ひは偽りを以て人を苦しめ、正しき人に悪事をすすめ、非義悪行類なき者をいましめ殺す、天狗の首領なり。

と自称し、悪次郎は悪心こそないが武辺を好み高慢甚だしいゆえ、実は家来の化け物を友人に化けさせて誘い出したのだ、と明かす。そこで今まで一緒に登ってきた朋友が天狗の姿に変わり、さすがの悪次

郎も驚いたところに、悪行の者は引き裂いて殺すのだ、と指し示す方向を見れば死人の山が築かれていた。老若男女何百という死体を見せられて恐ろしくなった悪次郎が思わず念仏を唱えたところ、その念仏に免じて許され、あっという間に自宅へ送り返された。それから悪次郎は先非を悔い、仏神を篤く信仰するようになったという。

ここでは天狗は道徳の監督者である。伐採など開拓を進める領主の振る舞いは、高慢な武辺者と同じく懲らしめられる対象となる。天狗は善なる自然の象徴ともいえるが、もっとも憎まれる「悪心」は、神仏を敬わない心であり、近世の倫理観を反映している。

天道と天狗

人を試す天狗像の前提には、第一に天狗を神仏に近い存在と見なす天狗信仰があり、第二に神仏が人の傲慢さや無法ぶりをたしなめ、罰を下すことがあるという考えが成立していたことを指摘しておかなければならない。

神罰、仏罰というが、神仏が倫理的に人を罰するのは、当たり前ではない。たとえば仏教では傲慢や無法な人間は悪道へ生まれ変わって報いを受けるので、仏が罰を下すことはない。高慢ゆえに魔道で苦しむとされたのが、まさに天狗たちであった。

在来の神祇信仰においても罰を下すという考えは少ない。祭祀を要求して神霊がたたるとか、領域を侵されたことで怒って報復すれば「神罰」「冥罰」というが、倫理的、道徳的に人間を罰するという考え

ではない。こうした思想に対して、倫理的な制約が強くなった時期は戦国時代ではないか、という指摘がある。(7)

戦国時代に倫理的制約が強くなるという説は奇妙に聞こえるかもしれない。しかし、合戦に明け暮れた戦国武将たちにとって戦場での生死、勝敗は、結局のところ家中を統率する人間的な魅力や、運を味方にする勝負強さ、といったあいまいな要素が大きくなる。そのひとつの基準が、神仏の加護であり、神仏の加護を得るにふさわしい人物像だったという考えは、それなりに説得力がある。

日本は江戸時代になるまで体系的に儒教を受容しなかったが、平安時代末から鎌倉時代にかけて浸透していくなかで「天道」思想というべきものが育ったといわれる。いわゆる「お天道さん」で、本来は日月の運行や人の命運を司る天の摂理ともいうべきものだが、儒教においては地上の人々を監督する人格神として理解されていた。日本でも五常（仁義礼智信）と呼ばれる儒教道徳の浸透とともに受容され、神仏を超越した道徳の監督者として理解されたようだ。さらに民俗的な太陽信仰と一体化し、「お天道さんに恥じるな」といった言い回しで現在まで意識されている。

道徳観念の総体というべき「天道」思想は、創唱者や教義がはっきりあるわけではないので実態を論じることが難しい。しかし第二章4で紹介した鎌倉時代成立の教訓書『五常内儀抄』では五常を仏教でいう五戒と結びつけて理解していた。仏教説話集である『沙石集』にも「正直なれば頭に神明が宿る」という成語が紹介される。少しでも命運をよい方向へ転ずるために「正直」、和語でいえば「直《すなお》」な心で神仏を隔てなく信仰することが、神仏を超えた基本の倫理、道徳として重視されたのである。

加えて鎌倉時代後期には、日本の神信仰が根で、仏教、儒教は枝や花、結局同じものである、という諸教一致論が提唱された。仏教信仰のなかで神祇や儒教をどう位置づけるかという議論から生まれたのだが、これを神道家が取り入れ、神道こそ諸教の根本である、と積極的に喧伝しはじめた。(8)

こうした諸教一致論などが前提になったとすれば、戦国時代において道徳を監督する「天道」が重視されたという説も納得できる。神田千里氏は戦国時代の信仰を、個別の神仏や教派を超越した「天（天道）」信仰と規定したうえで、その特徴を賞罰により人の運命を左右すると考えられた点、道徳にもとづく外面的言動よりも、内的な倫理規範を重視し、世俗倫理を重んじる点などに求めている。(9)

神田氏が注目する事例は、庚申信仰の広がりである。庚申信仰とは、干支が庚申の夜には人間の体内にいる三尸《さんし》という虫が「天」のもとへその人の犯した罪を報告に行くので、一晩中眠らないというものである。もちろん普段の言動は正直、誠実を求められる。もとは道教の信仰に由来するようだが、日本では青面金剛を本尊とする庶民仏教として広まり、夜明かしの費用を分担する庚申講は現在でも残っている。仏教、神道、道教を包括した「天」が倫理、道徳を監督する信仰として受け入れられたのだ。

この「天道」思想と、それにもとづく倫理的制約は、天狗の造形にも少なからぬ影響を与えているように思う。諸宗派や神仏の区別がなくなるのと同じように、行者や神仏に奉仕する存在であった天狗と神仏そのものとの差が意識されにくくなり、神仏同様、倫理的制約を監督する存在のひとつとみなされていったのではないか。

俳諧のなかの天狗

もちろん江戸時代の天狗説話は、信仰にもとづくものばかりではない。むしろ人々に（害のない程度で）いたずらをする天狗像のほうが江戸庶民には、うけた。

江戸時代の天狗像を探るのに好適な素材として、俳諧がある。俳諧は連歌の一形式で、和歌を五七五の長句、七七の短句に分け、唱和形式で二人以上の作者がつないでいくものである。短い掛け合いの短連歌は『万葉集』の時代から見られ、次第に複数の作者が鎖状に五十句、百句と連ねる遊芸へと発展、鎌倉時代には百韻が主流となり、展開を楽しむための式目《ルール》も整備された。式目を理解すれば身分の上下なしに参加できる点から、連歌は都の貴族だけでなく地方の大名や庶民にも広がっていく。

愛好者、すなわちユーザーが増えると質的変化が生まれる。連歌には和歌に準じて雅語を使うという制約があったが、より自由に俗語や漢語を用いた俳諧連歌が生まれた。当初は座興として気楽に行なわれた俳諧も江戸時代には連歌、和歌への入門と位置づけられ、広く定着した。一昼夜に二万三千句を独吟したという井原西鶴《いはらさいかく》（一六四二～九三）、漢詩や禅をとりいれ詩興を深めた松尾芭蕉《まつおばしょう》（一六四四～九四）の活躍が知られる。

その後、俳諧の第一句「発句」を重視する傾向が強まり、明治になって正岡子規《まさおかしき》（一八六七～一九〇二）を中心に、「発句」は「俳句」として生まれ変わることになる。

それはさておき、初期俳諧は俗語を多く用いており、天狗もしばしば登場する。例えば松永貞徳《まつながていとく》（一五七一～一六五四）が率いた貞門派の発句を集めた『犬子集《えのこ》』には

僧正が谷の天狗や鞍馬ずみ　徳元
木の葉うつ霰《あられ》は天狗礫《てんぐつぶて》かな　親重

などがある。一句め「僧正が谷」は鞍馬山で義経が修行した地。二句めの「天狗礫」は人もないのに急に石が飛んでくるという怪異。山でバラバラと降り出した霰を、天狗礫に見立てて驚いている。貞門派は俗語を用いながらも比較的温雅な作風で知られるが、より新奇な言葉使いを得意とした談林派の大物、西鶴には、

大天狗月夜に兜巾かづかれて

の句がある。延宝五年（一六七七）、大坂本覚寺で千六百吟を独吟した大句数のなかの一句で、山伏姿の大天狗を月光のもとに配置した、芝居がかった句だ。同じく談林派では明暦二年（一六五六）刊行の選集『ゆめみ草』にも次のような句がある。

人の目をくらま霞は天狗かな　宗軒
颪に遭ふ木の葉は天狗倒しかな　宜真

山風に荒るるは木葉天狗かな　一武

一句めは、目をくらませる霞を、鞍馬山と掛けた洒落。二句め「天狗倒し」は風もないのに大木が倒れるような音がするという怪異。三句め「木葉天狗」は大天狗に仕える眷属の天狗。これらは謡曲にあらわれる語彙として流派をとわず共有されており、さして禍々しいイメージがない。せいぜい怪しげな音や石、霞で人を惑わせる山林の怪異である。

時代は下るが与謝蕪村《よさぶそん》（一七一六〜八四）にも天狗を詠んだ句がある。

蟬啼《せみなく》や僧正坊のゆあみ時

僧正坊を僧の住居と解説する注釈書も多いが、意味が通らない。絵師でもあった蕪村は自分が見聞した怪異譚を絵巻に仕立てるほどのお化け好きで、この句も蕪村直筆の天狗図に添えられた句である。従って、暑い盛りの蟬の声に、鞍馬山僧正坊の湯浴みを幻視した遊び心あふれる句と理解して間違いない。

このように天狗の怪異譚は伝承や能の知識を通じて、かなり身近なものだった。延宝五年刊行で何度も改題、再版された怪談集『宿直草《とのゐぐさ》』の巻一ノ八には町中の天狗礫の話がある。(10)

寛永元年（一六二四）のころ、大坂石町あたりの家に毎夜つぶてが打たれることがあった。七つ八つほど、あるいは十、十四、五も打たれる日もあり、音のない日、霰のようにころころと音がする日

鳥山石燕「天狗礫」『今昔百鬼拾遺』

もあったが、ひさしまで石が転がることはなかった。夏から秋の終わりまで続いた。近所の家は気味悪がって「天狗礫のある家は火事にあうというから、しかるべきところでお祈りしたほうがいい」と勧めたが、家主は浄土真宗の信者で、念仏さえ唱えていれば恐れることはないと言って、そのまま無事であったという。

これは編者の荻《おぎ》田《た》安静《あんせい》が幼いころ見聞きした話で、大人になってから同じあたりを見に行ったが、家はそのままで、主は代替わりして子の代になっていた。怪異は心の持ちようで変わるもので、家の衰亡など所詮は人知を超えた因果のことである、縁起がいいとか吉凶を直すとかいうことは馬鹿馬鹿しいことだと結論する。編者は貞門派の俳諧師でもあった。俳諧師たちは、怪異を恐れず茶化し、楽しむ方法を心得ていた。

2　江戸の天狗論

怪異批判の芽

俳諧は、正統とされた和歌、連歌に対して、詠まれていない新奇な素材を模索した。もともと座興として親しまれ、地方武士にも愛された俳諧は、諸国を旅する俳諧師たちがつなげ、広げてきたものである。こうした性質は諸国の奇談を集める姿勢とも似ている。しかしただ怪異を恐れたり、珍しがったりするだけではなく、機知、諧謔によって笑いに転化するのが俳諧の方法だった。それはときに怪異の否定につながる。

そのひとつが貞享三年(一六八六)刊行の『百物語評判』である。これは俳諧師で学者でもあった山岡元隣《げんりん》が怪談を解釈したもので、没後に息子らが遺稿を出版した。現在の科学的説明とは相容れないものも多いが、和漢の知識を駆使し、怪しいことも自然現象であれば恐れる必要はないという近世知識人なりの合理的解釈が示される。

天狗についても次のように解説される。

元隣先生がいうには、「天狗という名は中国ではいわない。獾《かん》といふ獣の異名を天狗というが、別のものだ。また星の名に天狗星というものがあるが、どんな星かよくわからない。ただ魑魅《ちみ》、魔の障礙などというものが天狗であろう、これは深山幽谷に棲む魔物で、力があり狐の百倍は不思議なことをする。所々の山谷の気より生ずる変化のものである。俗に太郎坊、次郎坊などといって山伏のような姿なのは、愛宕や比叡山が仏教の霊地だからだろう。この妖怪が必ず人里離れた陰気の集まる山奥にあるのは、人家が多くただしい気が集まる場所では術もまぎれるからだ。(11)

中世で一般的だった高慢や我執の魔縁説はしりぞけられ、山中の怪として理解されている。さらに

「天狗礫」については『古今著聞集』に狸の仕業と書かれており、狸を殺してこらしめれば「おのづから」止むものだ、という。そして孔子のいうように怪力乱神はもとよりないのだから人道、すなわち道徳を修められれば怪しいことは「おのづから（自然に）」消えるもの、と説明する。

確かに狸のつぶての話は『著聞集』巻十七「変化」篇にある。前右大臣三条実親の住む白川亭にたびたびつぶてが打ち込まれ、相談したところ、ある田舎侍の提案で、狸を庭で調理して酒盛りをし、骨を裏の寺に投げ入れておいたところ二度と起こらなかった、不思議なことだが疑いなく狸の仕業だろうという話である。

もちろん『著聞集』に「天狗礫」の文字はなく、狸の仕業である。現在の目から見れば狸であっても怪異に違いないし、『著聞集』においても「不思議」なことだと言われているが、狸なら多少不思議なことをしても問題ない、そういうものなのだから放置しておけ、というのが元隣の結論だったようだ。こうして「天狗礫」は天狗説話として無効化され、少々珍しいだけのハナシとなる。

元隣が奇談、怪談として天狗説話をとりあげながら孔子の言葉を引いて否定した背景には、江戸時代に流行した儒学、特に朱子学派の考えがある。朱子学では一見不思議に見えることも気の循環による自然現象と説明することが多く、天狗も山の陰気が集まったり、動物が人を驚かせたりしているだけで、戦乱の予兆や魔道の住人ではないということになる。山の信仰と結びつき悪心を憎む天狗像とは一見相反するような天狗像だが、いずれも中世的な天狗像とはかなり変容している。

朱子学と天狗

儒者の立場から天狗を論じたものとして、すでに紹介した林羅山『本朝神社考』がある。羅山は家康、秀忠、家光、家綱の四代の将軍に仕え、幕府の正学として朱子学を定着させた人物だ。『本朝神社考』は神社、旧跡の由来を解説しながら独自の考察を加えたもので、下巻、鞍馬山僧正ヶ谷の項では、牛若こと義経が僧正ヶ谷の異人に剣術を学んだことを紹介したうえで天狗について論じている。要約して示す。

本邦に天狗と称するものは多く、みな霊鬼の顕著なものである。狐や童、鳩、僧、山伏となって人前にあらわれ、人の福を禍に転じ、世が治まれば乱をなし、火災を発して闘諍をおこす。歴代天子のうち、讃岐院（崇徳院）は金色の鳶となり、後鳥羽院は被髪長翼の僧となり、後醍醐院は高鼻勾爪の王となった。また僧侶のうち慢心および怨怒の強いものは天狗となる、伝教（最澄）、弘法（空海）、慈覚（円仁）、智証（円珍）はこれであり、柿本紀僧正は愛宕山で太郎坊となった。その他、尊意、慈恵（良源）、覚鑁、法然、日蓮、栄西、疎石などもそれぞれ天狗といわれる云々

このあと羅山は慶長年間の比叡山次郎坊にまつわる説話などを記し、浮説流言を広める仏教者を暗に批判する。著作そのものが神儒の一致を説いて仏教批判を目的としているのだが、特に最澄、空海以下、日本仏教の祖師がことごとく天狗だという記述は不敵というべきだろう。

次に新井《あらい》白石《はくせき》（一六五七〜一七二五）の『鬼神論』がある。五十代の著作といわれるが、寛政十二年（一八〇〇）に刊行された。儒者のいう鬼神とは神霊と死者霊の双方をさし、祖先や天といった祭祀の対象にまで及ぶ。

白石の議論も基本的に朱子学の立場で、天地の現象を陰陽二気の働きによって理解する。すなわち人が死ぬと陽の魂は天に昇って神となり、陰の魂は鬼となり地に帰る、これは自然の運行で、特に子孫が祖先を正しく祭れば互いの精神が感応してよい循環が起こるという。子孫がなく祭祀が行なわれないことは不孝の極みであり、そのため死霊の祟りがある。こうした常の変化は道理だが、常ならぬ怪異は祭祀に当たらない。孔子は怪を知っていたが、あまり語らなかった。物怪、天狗もこの類で祭るべきでない淫祠であるという。

白石の天狗論を要約してみよう。

わが国では人が天狗になるというが、これは死者が仙となる「鬼仙」ではないかという人もいる。伝わるところでは天狗とは修験の高僧がなるものである。『尚書故実』という経典によれば、仏教は天文では二十八宿のうち鬼宿（かに座θ星）に属し、鬼星が暗ければ仏教は衰えるという。もとより仏教は「鬼教」であれば、鬼に取り憑かれることもあるだろう。唐のころ、仏寺で法会が行なわれ、竿の上で舞を披露していた童子（一説に女児）をクマタカのようなものが飛来してさらってしまう事件があった。数日後、高い塔のうえにいるのを父母が発見し、あとで聞いてみると、仏画に描かれる飛天夜叉のようなものに誘われてこの塔に入り、果物などを食べて暮らしていた、という。飛天夜叉とは翼をもつ鬼神のことで、天狗の振るまいによく似ているが、これらの多くは山林異気の生ずるところ、「木石の怪」に違いない[12]。

朱子学では肉体が滅びれば魂が天地に分かれて循環すると考えるため、輪廻転生や因果応報を批判し、仏教を「鬼教」とおとしめる。白石は天狗を「鬼仙」とする説をふまえつつも、後半では飛天夜叉の話を例に「木石の怪」との見解を示している。

羅山は、天狗を魔道におちた高僧の死霊と規定し仏教者を批判した。いわば中世以来の価値観に立っている。しかし白石は天狗を鬼神と同定し、山林の気が集まった、自然現象と説明する。これは仏教的な天狗像を否定しつつ、山の怪異という面をより強固にする。こうした中世的天狗像と近世的天狗像との乖離は、その後の天狗考証においても引き継がれるが、大勢としては山の怪異という面が強調されていくことになる。

天狗考証

正徳三年（一七一三）の跋をもち、江戸時代を代表する百科全書『和漢三才図会《わかんさんさいずえ》』には、巻三、天象に「流星《よばいぼし》」の異称、巻三八、獣類には「玃」の異称として「天狗」が記述される。しかしもっとも詳細な記事は巻四四、山禽類「治鳥　付天狗」の項目である。

ここでは中国の『本草綱目』にもとづいて越地方の深山にいる「治鳥」を紹介し、鳩ほどの鳥だが犯すと人に難を加え、家屋を焼くことがある、人の姿でカニをとり、焚火にあたってあぶって食べたりするなどと述べる。

そしてこの怪鳥は日本でいう天狗のようなものか、としたうえで、「ある書」にもとづいて次のような説が紹介される。

服狭雄尊《すさのをのみこと》の猛気が胸腹に満ち、吐物となって「天狗神《あめのざこがみ》」が生じた。これは姫神にして威強く、人身にして頭は獣、鼻が長く耳長く、牙の長い姿で、何事も意のままにならなければ怒って荒れ狂い、大力の神をも鼻にかけて千里先に投げ飛ばし、堅固な刀戈も牙で壊してしまう。何事も穏やかにできず、左にあるものは右といい、前のものは後といい、自ら「天逆毎姫尊《あめのざこひめのみこと》」と名乗る。天の逆気を飲んで独身で子を生じ、「天魔雄命《あめのざこをのみこと》」と名付けた。天に従わず、八百万の神々もてあましたが、天祖は赦して九天の王とし、荒ぶる神、逆らう神はみなこれに属した。彼らは人の心を乱し、愚かなものを迷わせるのである。(13)

服狭雄尊はスサノヲノミコト、天照大神の弟である。その娘という「天狗神」天逆毎神と、その子天魔雄神については『古事記』『日本書紀』といったいわゆる記紀神話に記述がなく、そのため『和漢三才図会』では「正説に非ずとせり」と注記している。

似たものを並べて性質を推定する類推思考《アナロジー》の方法は、元隣や白石と『和漢三才図会』の本草学も共通している。このとき注目された点は、天狗の造形面（鳥類型）と、山林の怪異という性質だった。逆にいえばこれ以外は注目されなかった。「正説」ではない神話はあくまで参照記事であって、きわめて実体的な深山の鳥獣として理解されたことになる。

一方、天狗の起源として天逆毎神に注目し、荒ぶる性質を取り上げたのは、宝暦四年（一七五四）刊行の諦忍『天狗名義考』である。(14) 諦忍は、尾張八事山興正寺（愛知県名古屋市）五世で、博識で知られた真言僧。その著書である『天狗名義考』は、豊富な天狗説話の事例に著者の「評」を付し、一冊まるごと天狗考証に費やされた労作だ。

そこでは『先代旧事本紀《せんだいくじほんぎ》』にもとづくとして天逆毎神、天魔雄神こそ天狗の起源であり、神代から日本には天狗がいたこと主張している。ところが実は『先代旧事本紀』にさえ、この神の名は見当たらない。

そもそも『先代旧事本紀』とは何か。聖徳太子の命により蘇我馬子が撰述した日本最初の歴史書といわれ、本当なら『古事記』『日本書紀』に先行する大変な重要資料だが、実際には平安時代半ば、『日本書紀』講読のなかで創り出された偽書である。

ところが、さらに江戸時代に入って延宝七年（一六七九）、上州広済寺の黄檗僧、潮音道海《ちょうおんどうかい》が、旧来の『先代旧事本紀』十巻は抄出本だと主張し、より原本に近いとして伊勢神宮別宮伊雑宮《いさわのみや》に秘蔵されていたという『先代旧事本紀大成経』七十巻を公開した。つまりは偽書の偽書である。天逆毎神、天魔神は、この『大成経』巻「神祇本紀上」に登場する。というよりも、そこしか登場しない神である。

まもなく伊勢神宮から偽作と申し出があり、天和二年（一六八二）には出版禁止、版木が破却された。実は儒者による廃仏論への反論のため、神代から仏教は擁護されてきたのだと主張する目的や、伊雑宮の地位向上をもくろんで偽作したようだ。(15)

諦忍『天狗名義考』では別の箇所でも、知識があっても理解力がない「慢学《あだまなび》」を批判し、有害な「天《あま》障物命徒《のざこのみことのともがら》」と決めつけて上古より高慢な人を天狗と呼んだと述べる。これも仏教的な天魔理解に引きつけた天狗像である。しかし諦忍が拠った『大成経』そのものが近世仏教者の創作なのだから、本末転倒の説にすぎなかった。

中世の魔道知識は一部の仏教者による秘説として伝承され、権威を持っていた。しかし近世において異説は、別の立場から「偽作」「正説に非ず」と否定され、権威性を失ってしまう。いわば第三者によるファクトチェックが働くわけだ。潮音、諦忍の天狗説は、中世に語られた「反仏教的天狗像」の末路というべきかもしれない。

ところが一度出版された書物はその後も流通、残存するため、奇説、珍説も時代を超えて残されることがある。『大成経』に関してはその後も記紀神話を補足する古代資料として垂加神道などに影響を与え、『東日流外三郡誌《つがるそとさんぐんし》』、『竹内文書』などの近代の偽書にも一部流用されているという。天狗説話とは直接関係がないが、説話が語られた背景をよく理解しなければ、時代を超えてフェイク記事を信じる羽目になりかねないのだ。

天狗のミイラ、天狗の爪

近世に強調された実体的な天狗像の極地は、天狗の遺物ではないだろうか。

御坊市歴史民俗資料館（和歌山県）が所蔵する烏天狗のミイラは、「生身迦楼羅王尊像」と言われ、幕末から明治にかけて山伏が厨子に入れて運び、札を売って利益を説いたとされる。その後、地元の小竹八幡神社を経て資料館の所蔵となり、二〇〇七年一二月のＣＴ調査で、トンビと見られる鳥の羽に粘土や和紙で肉付けしたものと判明した。

多くの人が見世物目的の偽物と承知していても、作り物だと判明すると必ず残念だ、夢がないといった声が、半ば定型文として返される。おそらく江戸時代においてもその反応は同じで、見世物に付随したお札が半信半疑ながら信仰を集めていたのだろう。

立山岩峅寺（富山県）の旧宿坊のひとつ中道坊家には、「天狗の頭蓋骨」が保管されていた。箱書にある当主の名前によれば幕末から明治初期までには伝来したようで、富山県立博物館の調査では、小型のイルカの頭骨を加工したものではないか、という。(16) また、谷崎潤一郎が実見したという高野山増福院（和歌山県）の「天狗の骨」、中尊寺峯薬師堂（岩手県）に伝来する「カラス天狗の頭骨」も、イルカの頭骨とみられるようである。

尾崎紅葉は明治二十五年（一八九二）に読売新聞で連載した小説『紅白毒饅頭』のなかで、新宗教玉蓮教会門前で開かれた縁日の様子を次のように描いている。

今日は月なみの祭日とかや。玉蓮教会の門の左右には、主待ち客待ちの腕車《くるま》、整然と轅《のき》を並べ、信心の老若男女、袂をつらねて絡繹《しきり》に参詣す。往来の両側に市を成す床廛《とこみせ》の色々品々、われらより子供衆が御存じ。太白飴、煎豆、かるめら、……見世物小屋は女軽業力持、切支丹の首切り、猿芝居、覗機関《のぞきからくり》、手無し女、日光山の雷獣、大阪仁和賀《にわか》、天狗の骨。姦しく呼び立て、囃し立て、大道の雑閙《にぎわい》、此神の繁昌を知るべし。(17)

天狗の骨は代表的な、怪しい見世物のひとつであった。それが、あるいは寺の住職の好事家趣味で購入され、あるいは行き所に迷って寺に納められていたのだろう。

確か、御坊市のミイラ像だったと思うが、あるお昼のテレビ番組で「天狗のミイラ」公開のニュースを扱っていたのを見た記憶がある。当時はCT調査の前だったのだろう、番組キャスターが地元の人に向かって、実際には何で造られているのか、接続部は見えるか、などと偽物であることを前提に質問を繰り返し、困惑した相手が「私達は天狗だと聞いてお祭りしている」と答えていた。知性派で有名だったキャスターだが、ずいぶん野暮なことを問い詰めるなと思ったものだ。

半信半疑といえば、太田南畝《おおたなんぼ》（一七四九〜一八二三）の随筆『一話一言』に天狗の爪について書かれている。能登石動山《いするぎ》（石川県）でとれ、青黒く五分ばかり（約一・五センチ）で、先が尖って幅広、獣の爪に似た石である。雷雨などがあると土地の人は林中でこれを拾い、水に入れて瘧《おこり》などの薬として飲むという。南畝は、おそらく鉱石の類いで人を騙して神物としているのだろうという。(18)

愛石家、鉱物学者であった木内石亭《きうちせきてい》（一七二四〜一八〇八）は、愛好家仲間の収集した天狗の爪石の記録を『天狗爪石奇談』としてまとめた。それを見ると加賀、能登（石川県）の例が多いが、石亭と同じ近江（滋賀県）や、伊勢（三重県）、薩摩（鹿児島県）でも拾われている。同じく石亭が著した『雲根志』では、佐渡、越後（新潟県）に出ることもある、山亀というものがよく木に登り、その爪だという説があるが不確かで信じがたい、先師は雪剃刀だというが間違いだろう、ワニ、サメといった大きな魚の歯だともいうが詳しくわからない、などと記している。

石亭の考証はかなりいいところまでいっていたようで、実際に天狗の爪として保管されていたものは、約七百万年前に生息していたメガロドンなど巨大なサメ類の歯の化石という。しかしこれは未確認の鉱物に名付けられただけで、実際に天狗の爪と信じられていたわけではなかった。

平賀源内の天狗論

同時代に本草学を修めた人物として、平賀源内《ひらがげんない》（一七二八～八〇）にも異色の天狗論『天狗髑髏鑑定縁《てんぐどくろかんていえん》起《ぎ》』がある。[19] 一部でよく知られたものだが簡単に紹介すると、明和七年（一七七〇）九月末、源内たちが開いた薬物の鑑定会に、門人、大川豊永が芝の愛宕参りの道中に川で拾ったという奇妙なサレコウベを持ち込んだ。その正体について鳥の頭だ、大魚の頭骨だと議論が白熱し、衆議が一致しなかった。そこで源内が「天狗の髑髏《されこうべ》なり」と鑑定したという記録である。門弟たちは源内の断定ぶりを不審に思って、

「いま日本で天狗と称しているものは、魑魅魍魎のたぐいで、本来は定まった形もないのに、鼻高きは高慢のあらわれとして大天狗とし、くちばしの長きは駄口をきく木の葉天狗、溝飛天狗の形状という。羽もあって草履もはく、杉の梢に住居するも店賃も払わず、どれも画工（絵描き）の思いつきです。聖人は怪力乱神を語らないというのに、なぜ天狗の髑髏とおっしゃるのか」

と尋ねた。これに対して源内が答えるに、

「昔は薬を売るもの、買うもの、服するものという順に賢かったが、今どきの医者はろくに薬も知らず、

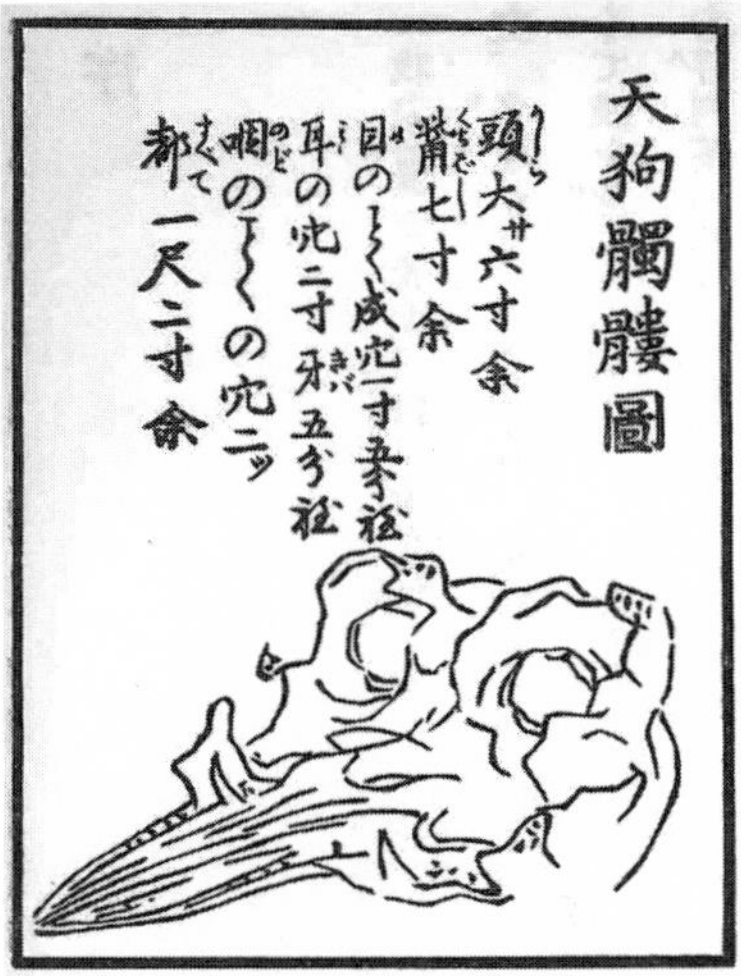

天狗髑髏圖（『風来山人集』より）

効能も知らず無知である。それを憂いて薬物の真偽会を催したが、ここで天狗の頭の真偽を論じ、時を移せば腹が減り、日が重なれば店賃が増える。諸人が甘んじて天狗というて嬉しがるなら、天狗にしておくのが卓見だ」

要は天狗の髑髏が本物かどうかを特定するより、実用的な草木や鉱物の薬効について議論したほうが有益だ、という意見である。そのうえで源内は、

天狗さえ野夫《やぼ》ではないとしゃれかうべ　極めてやるが通りものなり

の狂歌一首をなして、筆を置いている。野暮の極みのような天狗でも、そうといわれているなら天狗のまま、洒落にしてしまうのが通人だ、というのである。

天狗の存在も笑い飛ばす、江戸の醒めた「洒落」精神をあらわしている。文にそえられたスケッチによりイルカの頭蓋骨だっただろうといわれているが、実態がなんであれ、鳥や獣、龍や鬼でもなく「天狗」と名付けられたのはなぜか。

種明かしをすればこれは、薬効も確かめず、書物に出ている名前と草木を付き合わせただけで満足す

る卓上派の学者たちを批判するために書かれた戯文であった[20]。

当時の髑髏を拾う舞台は、江戸の防火鎮護で知られた芝の愛宕神社（東京都港区）である。ここには京都の愛宕神社にならって太郎坊天狗をまつる小社がある。つまり天狗信仰をふまえた設定で、天狗のもつ高慢なイメージを学者批判に使ったのだ。

源内は、不審な髑髏を「世間が天狗というなら天狗にしておけ」と洒落た。半信半疑ながら天狗説話を楽しみ、キャラクターとして消費していたのが江戸の実態だろう。博物学的に世の中を究明していく近世の知は、あいまいだった天狗の非在を証明し、動物や修験者などわかりやすい「正体」を特定しようとする言説につながる。存在を否定された天狗はどうなるか。実は江戸時代後期には、新たな天狗像が存在感を強めていた。

3　天狗とは何か　幕末から近代へ

エンゲルと山人

松浦静山の随筆『甲子夜話』七〇に、静山と交流のあった行智《ぎょうち》という修験者の天狗論がまとめられている[21]。行智は梵字の研究者でもあり、まず天狗を「狗賓《ぐひん》」ともいう理由について、経典に見える「蛩蛩《グウィ》」という言葉を、下級の鬼神の名称と理解したことから転じたと解説する。そのうえで天狗には二種あるといい、第一は修行僧が死後も山岳高地に留まり、神霊を現すもの。すなわち山伏や仙翁の格好をして鼻が高く、俗に「グヒン」と呼ばれる。弘法大師、真済僧正、飯綱、道了、秋葉権現などがこれであるという。

第二は「真の天狗」というべきもので、鷹のくちばし、鷲の眼、両翼あり、人に災いして世の動乱を好むという。これを行智は、西洋にいう「エンゲル」すなわち天使《エンジェル》というもので「正直の人に仇する、悪魔の属なり」と述べる。いわば鼻高天狗を「グヒン」、鳥類天狗を「エンゲル」として、形態の違いに、神仙と悪魔という違いを当てはめたのだ。

なお文化七年（一八一〇）に刊行された、日本で最初の本格的日蘭辞典と呼ばれる『蘭語訳撰』でも、天狗の訳語に「Engel」を宛てている。分類は動物となっているから、有翼という形態の類似から「エンゲル」を天狗とする理解に至ったものらしい。あるいは堕天使の知識から悪魔とする解説を導いたのだろうか。初期のキリシタン文献では「diabo（悪魔）」を宛てていたので、奇妙な逆転現象が起きている。

行智の交流圏に、国学者の平田篤胤がいる。その篤胤は文政五年（一八二二）成立、同十一年公刊の『古今妖魅考』、文政三〜四年に天狗小僧こと寅吉から天狗界について聞きとりをした『仙境異聞』を著し、幽冥界の探究を思想の根本に据えた。(22) 近世後期を代表する天狗説話として、改めて寅吉少年の話をまとめておこう。

寅吉は江戸でたばこを売る越中屋与惣次郎の次男として誕生した。(23) 七歳のとき東叡山寛永寺（東京都台東区）の黒門前で丸薬を売る老翁に誘われて虚空を飛び、常陸国南台丈（茨城県難台山）に至って弟子入りし、修行の日々に入る。老翁は杉山僧正《すぎやまそうしょう》（組正）と呼ばれ、岩間山、筑波山などで修行する「岩間十三天狗」の一人だというが、天狗は俗称らしく、篤胤らは「山人」と呼ぶ。

山人天狗の活動は多岐にわたり、町で「わいわい天王」に扮することもある。これは天狗（猿田彦）のように鼻高面をかぶり、「わいわい天王騒ぐがお好き」などと囃しながら牛頭天王の札をまき、門前で祝いを述べて銭をとる芸能者である。また、天狗として近隣の山々を回ることもあり、人が熱心に祈願すれば願いを遂げてくれるという。寅吉は師に連れられて数百里を移動したり、外国や、ときに空を旅して星や月に近づいたりした。山と自宅を行き来しながら十五歳ごろまで修行を続け、嘉津間《かつま》という名を得たが、ほかに蛭子流という神道を学んで白石平馬という名もあるという。

また鳶や狐などの動物が年を経て手足を生じ、天狗になることがある。凡人であっても生きたまま、あるいは死んでから翼が生じることがあるが、これらは山人とは違う。最乗寺の道了、秋葉三尺坊がこうした「真の天狗」で、山周りに協力することもあるが、多くは仏教者で志願が異なるという。個別の天狗をどちらにあてはめるかは異なるが、行智の「グヒン」と「エンゲル」の区別にも似ている。

寅吉は山崎美成《やまざきよしなり》や平田篤胤ら知識人との対話では、仙境での生活や修行法のほか、見聞した獣の生態や空気銃のような道具まで幅広く解説してみせた。印相にも詳しかったようだが、修験道の印相は神道を山伏らがまねたもので、神道こそ重要と主張し、山崎美成に出家を勧められて決裂したと称する。

こうして語られる「山人天狗」の活動は、山岳修行者の影響が強いが、修験道や仏教と切り離され、神道や民俗信仰に関連付けて語られる。近代に入って「山人」への関心をひきついだ柳田民俗学へつながる視点は、すでに用意されていたのだ。

異世界物語としての天狗説話

寅吉の話は篤胤以外にも、山崎美成による『平児代答』、篤胤門人による『神童憑談略記』、『嘉津間答問』など、複数の資料に記録されている。鉄砲鍛冶の国友一貫斎《くにともいっかんさい》（一七七八～一八四〇）と空気銃について意見を交わしたことも『気砲記』後記に記される。

すでに紹介したとおり天狗にさらわれて異郷を旅する話は類例が多く、江戸時代には『甲子夜話』巻七三、上総の源左衛門の話など、複数の事例が記録されていた。寅吉の存在感はそのなかでも特異だが、先行研究では類型性や矛盾も指摘されている。

まず寅吉が出会った杉山僧正は、丸薬売りに扮していたが、商売を終えると荷物を壺のなかに入れ、そのまま寅吉も自分も壺のなかに入り空を飛んで常陸へ向かったという。これは「壺中天」の由来として知られる説話に、設定をふくめ酷似している。

「壺中天」は、費長房《ひちょうぼう》という男が市場で出会った薬売りの老翁に誘われて壺のなかの別世界を訪れ、仙術を学んだという古典的な神仙譚に由来する。『後漢書』方術伝や『神仙伝』巻五、初学者用教本の『蒙求』におさめられ、日本でも古くから知られていた。

ほかに鉄を食う獣の話なども先行文献に類話があるのだが、篤胤らは説話の類似に気づいても、むしろ文献が実体験として裏付けられたと評価する。しかし今井氏は、寅吉を文芸批評の用語でいう「信頼できない語り手」だと評する。たとえば空気銃のことについても、一貫斎や篤胤らの会話を聞き、話を合わせただけのようにも思われる。

寅吉の仏教嫌いについても矛盾が指摘されている。寅吉によれば、家族は一向宗の門徒だが、当人はもともと仏教を嫌い、杉山僧正に従ってからますます嫌うようになった。「僧正」も僧位ではないかという質問には、本来は「組正」のような字であったのに山崎美成が僧正という字を宛ててしまったのだ、と憤慨している。

しかし寅吉は、ほかの宗教も学べという師匠の教えをうけ、父母に連れられて禅宗や日蓮宗の寺に弟子入りしたと語り、霊魂の転生について男女の別をいう部分などは仏教の影響も指摘されている。さらに後年、篤胤のもとを去ってから医師になろうとし、その後、出家したとも伝わっている。

こうした矛盾や変化をふまえると寅吉の話は、聞き手であり筆録者であった篤胤の期待や知識をふまえ改変された可能性がある。天狗説話史の上でも、従来の天狗説話を篤胤の思想や神仙譚を反映し再解釈したもの、と位置づけるべきだろう。

近代になって、新宗教「神道天行居」を創設した神道家、友清歓真《ともきよよしさね》（一八八八～一九五二）が『幽冥界研究資料』（天行居、一九二三年）を刊行、巻頭に『仙境異聞』下篇（「嘉津間問答または仙童寅吉物語」）を収録した。同著にはほかに、『仙界真語』、『霧島山幽境真語』、『薩藩神変奇録』、『幸安仙界物語』、さらに平田国学を学んだ土佐の神道家、宮地厳夫《みやぢいづを》の「神仙の存在に就て」という文章が収められている。

このうち『薩摩神変奇録』は、薩摩藩の田原篤實という人物が見聞した奇談をまとめたもので文化十年（一八一三）ごろの成立という。文化八年に藩船が航行中、開聞嶽《かいもんだけ》下の竹の山から火球が現れた話や、山伏姿の異人に出会った話などが記される。本書のみ奇談集の性格が強いが、あとはどれも平田国学の影響をうけ、仙界（天狗界）を訪れた人々からの聞き書きを集めた、いわば記録文学《ルポルタージュ》である。

『仙界真語』は、尾張藩医柳田の門人、澤井才一郎が十七歳から秋葉山の天狗三尺坊と交流し、最後に昇仙したという記録を明治初期にまとめたもの。同じく『霧島山幽境真語』は、薩摩藩日置郡伊作田村（鹿児島県日置市）の善五郎という男が霧島山の仙境と往来したという記録で、『幸安仙界物語』は紀州和歌山で医業を営む島田幸安が白髪の老翁に導かれて霊山を往来したという内容の聞き書きである。

江戸時代末期における「天狗にさらわれた人々による天狗界ルポ」の隆盛は、まるで中世における魔道案内書の再来だ。異なる点は、中世の魔道説は、生前の罪や業によって苦しむ死者、死霊の世界という仏教的文脈で意識され、さらに仏教学上の秘説として一部の学僧のみが保持した知識だったことである。

これに対して江戸時代の天狗界は、山岳修験の霊場をベースに神仙譚や近世神道学をブレンドして想像された山中の異界であり、出版文化を通じて広く流通した。中世には魔道に関する知識を保持することが仏教学上の権威を持っていたが、近世には学問として広まり、さらに異世界物語としても、大衆の関心をそそるものになっていったのだ。

心霊研究と民俗学

近代に「天狗界ルポ」を集成した友清の『幽冥界研究資料』序文では、欧米で勃興していた心霊研究（スピリチュアリズム）を日本で実践するための資料として編集したことが宣言されている。友清の心霊観に影響を与えたとされるのが、浅野和三郎《あさのわさぶろう》（一八七四〜一九三七）である。小泉八雲に教えをうけた英文学者だが、息子の死をきっかけに心霊研究にすすみ、大本教に入信して機関紙『神霊界』編集を担当。第一次大本弾圧（一九二一年）から教団を離れ、東京心霊科学協会を設立するなど日本の心霊研究をリードした。(24)

浅野には多くの著作や訳書があるが、そのなかに『仙境異聞』と『仙界真語』の内容を口語訳にした『神秘物語　岩間山人と三尺坊』（嵩山房、一九二五年初版）がある。また『霊界通信小桜姫物語』（心霊科学出版会、一九三七年）では「T女」と記される浅野の妻、多慶子が霊媒として降ろした霊「小桜姫」の発話をもとに幽冥界を探究する。

『霊界通信』は浅野の遺作となった著作で、心霊研究のなかでも重要資料として再刊を重ねた。本書によれば小桜姫は相模荒井城（新井）城主、三浦荒次郎義光の妻で、北條早雲との戦いで城が落ち、逃れて一年余りしてから没した。しかし死後幽冥界において、大国主神から遣わされた神使の老人や守護霊の導きを得て竜宮や天狗界での修行を重ね、ついに神として祀られるようになったという。

新井城主三浦荒次郎は、一般には名族三浦一族の義意《よしおき》（一四九六〜一五一六）として知られるが、小桜姫やその父大江広信の名は歴史上確かめられない。『小桜姫物語』によれば、夫の死後に墓参を欠かさなかった姫をしのんで神社が出来、のちに大津波が襲ったとき小桜姫が竜神に祈って津波から故郷を守ったことから神社の名が高まって神と人とを結ぶ仲介役に任じられたという。この神社は今の諸磯神明社で、末社の若宮神社がもとの小桜神社、観音は小桜観音として伝わる。

繰り返すが、小桜姫は史料上実在を確かめられない。また実在かどうかは別として、地元の歴史にまつわる（とされる）神霊をまつること、そうした神霊が人に取り憑いて託宣を行なうこと、などはほかの地域でも類例が見られることである。浅野はこうした神霊の働きを心霊研究の文脈に位置づけ、幽冥界とのコミュニケーションを探究した。

いうまでもなくこうした心霊研究は現代のスピリチュアリティとも地続きで、不可知の世界に対する関心は今も変わらない。むしろ心霊に関する言説がなんとなく広がっている現代のほうが、幽冥界に対する関心や期待は大きいのかもしれない。

しかし平田国学の流れを受け、浅野や友清の仕事にも関心を向けながら、むしろその類型性に目を向けたのが柳田國男である。柳田は大正十四年に執筆、翌年刊行した『山の人生』のなかで「山へ入って還って来なかった人」「行方不明になったが、山から還ってきた人」「町の迷子」「神隠し」と連想をつなげ、幽冥界研究に言及する。そして

昔の精神錯乱と今日の発狂との著しい相異は、じつは本人に対する周囲の者の態度にある。我々の先祖たちは、むしろ怜悧にしてかつ空想の豊かなる児童が時々変になって、凡人の知らぬ世界を見てきてくれることを望んだのである。(25)

と述べる。柳田と心霊研究との近さは研究者の間でも注目されているが、(26)柳田は幽冥界とコミュニケー

ションをとるよりも、それを信じた「周囲の者」「我々の先祖」の信仰、習俗を研究対象に据えたのである。

柳田は『山の人生』のなかで天狗説話にも触れ、天狗に関する文献資料をいくら広く集めて考証しても輪郭は次第に茫漠となっていくと指摘、それは「最初から名称以外に沢山の一致がなかつた結果である」という。

なるほど天狗という名だけは最初仏者などから教わったろうが奇怪はずっと以前から引続いてあったわけで、学者に言わせるとそんなはずはないという不思議が、どしどしと現れる。……況《いわん》や自由な森林の中に居るといふ者に至つては、僧徒らしい気分などは微塵も無く、只非凡なる怪力と酷烈なる精神、極端に清浄を愛し、叨《みだ》りに俗衆に近づくを憎み、殊に隠形自在にして恩讐共に常人の意表に出でた故に、畏れ崇められて居たので、此点は寧ろ日本固有の山野の神に近かつた。

柳田はこのように述べ、「天狗」の名称にこだわることなく、昔ながらの「奇怪」「日本固有の山野の神」の分析に向かった。そして「天狗」ではなく山男、山姥、巨人などの山にまつわる伝承をふまえ、「中世以後の天狗思想の進化に著しく山人に関する経験が働いていた」との結論を導いていく。

柳田が幽冥界や天狗そのものではなく、それを信じた人々の習俗に着目した点は慧眼で、それによってなんとか「学問」としての客観性に踏みとどまることができた。しかし天狗説話を、山そのものや山に暮らす人々への畏敬という理解に集中させてしまったところに限界があった。柳田の限界は天狗を「山人」という存在へのロマンティズムへ引き寄せた。そしてあいまいな「固有信仰」の探求に向かわせてしまう。

山の神としての天狗

全国的にみれば、天狗を山の神、あるいはその眷属として理解している地域が大半だろう。もちろん細かくみれば差異があり、鞍馬寺のように昭和になって本尊のひとつに格上げされた例や、高尾山のようにあくまで眷属と位置づけているところもある。

天狗と山の神の関係について考えるため、近代の天狗説話に目を向けてみよう。岩田重則氏は、戦時中に弾丸除けとして天狗信仰が流行した事例を複数紹介している。(27)

山梨県南都留郡忍野村の内野天狗社は、日清日露戦争に出征した地域の若者が一人も戦死しなかったことから戦の神様として信仰された。(28)

徳島県吉野川市の高越寺は、現在は真言宗大覚寺派高越寺となっているが、阿波修験発祥の地といわれ、明治以前は高越権現とも呼ばれた。天狗杉や天狗の湧水といった天狗伝承も多い。(29)戦時下には武運長久、弾丸除けの信仰者があり、シベリア抑留された男性が高越寺への信仰が篤かったため無事帰還したという話もあるという。

静岡県三島市の龍爪神社は、静岡市龍爪山の穂積神社から勧請された神社で、狩猟、鉄砲打ちによる龍爪講が組織されていた。[30] この龍爪神社では戦時中、弾丸除けのお札を配布し、賑わっていたという。岩田氏は武運長久の祈願した天狗面が奉納されていることから、龍爪権現が天狗と認識された面を指摘している。

弾丸除けに配布された撁拾撁掐《サムハラ》のお札は江戸時代から散見されるもので、怪我除け、虫除け、長命祈願など多様な厄除けとして信仰されていたらしい。龍爪神社でも鉄砲の怪我除けだったものが弾丸除けとして信仰されたと思われ、大衆の願いに応じて寺社の提示する現世利益が変化したとみられる。

岩田氏は、山の神が産育に立ち会う神と認められていることから、生命の誕生と死にかかわり、その後の運命を左右できるほどの存在である山の神―産神と、天狗との等式が、戦時下の天狗信仰の背景にあると考察する。

こうした事例については、戦時という危機に対して山に対する古い信仰が表面化したとも考えられるが、むしろ天狗説話の歴史を参照する必要があろう。たとえば内野天狗社は軍神である摩利支天を本尊としている。もとより修験と兵法は関係が深く、天狗が兵法守護と結びついてきたことはすでに述べた。天狗説話のある山岳霊場にあって戦勝祈願が想起されたのは自然である。

また山中共古《やまなかきょうこ》（一八五〇～一九二八）の『影守雑記』によれば、静岡県浜松市の深奥山方広寺で鎮守神としてまつられる奥山半僧坊も、古くは無名であったが明治十年ごろから徴兵免除の効験があるといわれて隆盛になったという。[31]

半僧坊は、もとは開山無文元選《むもんげんせん》禅師に仕え飯炊きを担当した、半僧半俗の下男であったという。明治初期に山火事を三度まで防いだという霊験が有名になり、明治二十三年（一八九〇）には同じく臨済宗の建長寺（鎌倉市）の鎮守として勧請されるなど、代表的な天狗信仰に定着した。そこで御影像として頒布されたものは、南禅寺駒大僧正の図をまねて作られ、秋葉三尺坊にならい朱摺にするなど、先行する天狗信仰の影響下にあった。老師に仕えた天狗という伝承も、関東で栄えた道了尊の影響が強い。

共古は半僧坊信仰を「迷信無智の徒と大山法師の計策とが、明治の御代に半僧坊といふ天狗的の者を作り出せしなり」と評する。知切光歳も言うとおり、方広寺という大寺院の力によって短期間に生み出された天狗信仰といえる(32)。

このように天狗信仰がもつプラス、マイナスの両義性や、戦勝・防火に関わる特徴は、先行する天狗説話の変遷をふまえれば理解しやすい。天狗が修験道を介して山の信仰と結びついてきたことは間違いないとしても、天狗の本質が山の信仰だというわけではなく、歴史的に形成された一面とみることができる。

神野山の天狗

奈良県山辺郡山添村の神野山も、戦時中は戦勝祈願、弾丸除けの参拝者が多かったという。神野山には真っ黒な岩石が河のように連なった鍋倉渓という奇勝があり、地元では青葉山（三重県）の天狗との喧嘩で岩が投げ込まれた石合戦の跡だと伝える。争った相手は同じ奈良県内の一体山、あるいは生駒山の天狗だという伝承もあり、ほかに他惣治という男が天狗に弟子入りしたという話や、他惣治が修行したという天狗杉が残るなど、天狗説話の豊富な土地柄で知られる。[33]

もともと神野山には行基創建といわれる神野寺があり、『日本三代実録』元慶四年（八八〇）にその名が見え、現存の銅造菩薩半跏像は飛鳥様式の古仏として国指定重要文化財となっている。古くから興福寺系列の末寺であったが、文化七年（一八一〇）や明治一〇年（一八七七）の火災で什宝や建物を失い、明治に長谷寺末寺になった。明治二十年ごろから景観を保つためツツジの補植を行い、山参りや山頂での花見が定着したという。

現在、神野山は県立自然公園「神野山フォレストパーク」となっている。毎年ゴールデンウィークのつつじまつりでは多くの観光客を、村の公式キャラクター、カラス天狗の「てんまる」が出迎えている。山添村では天狗説話をはじめとする郷土の説話伝承を大切にしており、何度かまとまった書籍化が行なわれている。そのなかで昭和六十三年（一九八八）に神野山天狗研究会が発行した『神野の民話』では、石合戦の話を次のように語る。

山添村公式キャラクター「てんまる」（©山添村）

今は昔、大和の神野山は大杉一本のほか何ひとつないはげ山で、そこに女のからす天狗が住んでいました。またはるか彼方にある伊賀の青葉山には、草木が生いしげり、美しい岩山があってそこには、男衆の天狗が住んでいました。

ある時、ふとしたことからこの両方の天狗たちが大げんかをはじめ、青葉山の天狗は芝生や草木、それに自慢の岩石まで神野山めがけて投げつけ、はてはいきり立って人の命のもとまであびせつけました。

神野山の天狗衆は身に含んだ人の命を懐妊し、やがて全山は生き生きと芝生が生え、つつじやあせびの花が咲く森となり、奇岩流れる鍋倉渓が出現したということです。

これはまさに豊穣（アバンダンス）の聖地の誕生であり、なだらかなスロープを描くこの美しい山は、万物発生の地（髪生山）、神の山として多くの人びとの信仰の大本となり、だれ言うとなくこの山の天狗衆を豊穣鳥天狗（どんずりぼう）と呼び、家々の門口にはそのお面をかざり、幸せが来ますようにと祈ったと言います。[34]

同書によれば神野山は、日本神話の火の神である加具土命が父神伊弉諾尊に斬られたとき、その髪が飛び落ちたところ（髪生山）で、「どんずりぼう」は加具土命と同体と考えられる。しかし一方、仏法でいう金翅鳥、迦楼羅天の子孫であり、仏法を背景に現実の鳥を相合した存在なのだ、ともいう。

もちろん神野山は霊地として古くから信仰されたが、古代から有力寺院があったことからすれば天狗信仰とは呼べないものと推測できる。なお、加具土（迦具槌）は京都愛宕社の祭神のひとつだが、記紀には髪が飛んだという描写はない。

むしろこうした言説は、昭和になって民話など地域文化が見直されたことで、解釈を加えて生みだされた新たな神話だろう。こうした新しい信仰の対象として天狗が見いだされたということだ。

天狗は神か、妖怪か

ここで、残していた宿題に取り組んでおきたい。それは「はじめに」で提示した、

天狗は妖怪か

という命題である。まずこの命題に答えるために「妖怪」の定義について考える必要がある。妖怪の定義について、天狗説話と同様に多くの妖怪談を蒐集、分析してきた民俗学からは、柳田による零落説が提唱された。[35] すなわち「妖怪」を神から零落した信仰の残滓ととらえる視点で、天狗を山の神、山の信仰の反映とする説もこのひとつである。

一方、小松和彦氏は柳田説を批判し、祭祀対象として管理されたものを「神」、祭祀対象ではないが超越的存在として恐れられている存在を「妖怪」と区別し、人間にとってプラスとマイナスの面に対応した定義を提唱した。[36] そのうえで「神」と「妖怪」の関係は一方的な零落ではなく、時代や条件によって流動的に変化しうる関係ととらえた。

宮田登氏は小松論をふまえ、超自然的存在が妖怪としてあらわれるのは、人間と自然との調和が崩れたときであるととらえ、自然との対立が見いだしやすい「境界」に怪異が発生しやすいことを論じた。[37]

また伊藤龍平氏は恐怖の対象である「妖怪」と畏敬、崇敬される「神」のどちらの面ももつ存在とし

て「ヌシ」に注目する。[38]「ヌシ」とは、湖沼や河川、深い山などに長年棲息し力をもつと信じられるようになった蛇や魚、虫などの巨大生物であるが、天狗もまた境界領域である「山」に棲む「山のヌシ」の性格を有している。

しかし、それはどちらかといえば民間伝承における「天狗」像である。古代の仏教説話に語られた魔物としての天狗や、修験者に奉仕する天狗は「妖怪」だろうか。また、作り物や笑い話のなかで娯楽的に享受される天狗、心霊研究の対象としてコミュニケーションを求められる天狗は、祭祀や恐怖とは異なる対象のようである。

こうした違和感については、柳田説にせよ小松説にせよ、分析概念として「神」や「妖怪」を使っている点に注意する必要がありそうだ。

京極夏彦氏は「妖怪」という語が、本来の意味とは異なる研究上の術語として井上円了や柳田國男らによって明治期に見いだされ、やがて大衆文化において広まったことを明らかにした。[39]つまり歴史的に「妖怪」という語は現在の意味では使用されていなかった。廣田龍平氏はより分析的に、「妖怪」と「神」を近接した「超自然的存在」という概念でとらえることは近代アカデミズムの枠組みでしかないと断ずる。[40]「妖怪」や「神」などを通時的に定義することは極めて難しい。

そもそも日本における「妖怪」という語は、『続日本紀』宝亀八年（七七七）三月、宮中で大祓が行なわれた理由に「妖怪有るためなり」とする記述が古い。ここでの「妖怪」は宮中の怪異現象であり、国家の危機が起こる予兆として解釈され、大祓が行なわれた。これが次第に天狗や鬼などに遭遇することも「妖怪」となり、やがて怪しげな現象を引き起こすキャラクターそのものを「妖怪」と呼ぶように変化していったのだ。

さらに「妖怪」が娯楽のなかで増殖したことを重視したのが香川雅信氏である。香川氏は、江戸時代の文芸や絵画のなかで奇怪な姿かたちと名前をもつキャラクター「化物」が親しまれていたことを指摘し、十七世紀ごろの本草学の影響が妖怪像の転換期「妖怪革命」をもたらしたと論じる(41)。

こうしてキャラクター化された「化物」もまた、近代以降「妖怪」に組み込まれていくが、その際、信仰や習俗と結びついた面が重視され、文芸や娯楽のなかで親しまれた側面は等閑視されてしまった。近年になってようやく再評価が進み、絵巻や絵双紙に登場する「化物」の分析が行なわれている。

以上をふまえると、天狗はもともと予兆と考えられた本来の「天狗流星」から、仏教説話における天魔へ変化し、密教や修験と結びつき、絵巻や能の世界にも造形化された。また、江戸時代には各地の山で神格化される一方、本草学の対象として鳥や獣と同定されてきた。まさしく「妖怪」らしい歴史的変化を経てきたといえる。

したがって天狗を「妖怪」に分類しても差し支えないと思われるが、結局「妖怪」は現代の研究者が用いるレッテルであり、天狗説話を語ってきた人々のものではない。そこで用いられたのは「天狗」であり、「天魔」であった。それぞれの時代に、なぜ天狗説話が語られ、利用されてきたか。「神か、妖怪か」という分類より、それぞれの背景を探り、歴史的な変化を導くことが、「天狗」という名称でくくられたおびただしい説話群を理解するために有効ではないだろうか。

なお、近年小松氏は「妖怪」を三つの意味領域に分けて論じる。[42] すなわち①できごと（現象）としての妖怪、②存在としての妖怪、③造形化された妖怪である。本書第一章4で天狗を、存在としての名称（天狗）、指し示す内容（飛行する悪霊）、図像（鳥類）と整理したのは、実は小松論を意識している。そのうえで本書は「天狗」という名称にこだわり、不充分ながら古代から近代まで天狗説話を分析し、その内容と造形・図像の変化を追いかけたことになる。

その結果見えてきたことは、天狗の本質として語られてきた多くの性質が歴史的に形成されてきたものであり、その都度「社会への不安」や「山での怪異」などの感覚的なものと結びつけられてきた、ということだ。本書はあえて、時代ごとに異なる感覚の問題には深入りせず、それぞれの時代に天狗説話を語った人々（語り手）や、資料の性質を明らかにすることをめざしてきた。[43] ここで最後に、天狗説話の来歴を振り返っておこう。

天狗説話の来歴

天狗は漢籍や仏典では戦乱を予兆する凶星や禍々しい獣として語られたが、古代日本では飛行する悪霊として、人に取り憑き、仏道修行をさまたげる天魔と同一視された。

また天狗は、飛来して人を襲ったり、取り憑いて病にしたりする性質から、しばしば鳥類としてイメージされた。特にトビと結びつけられたのは、トビが都に棲息する身近な猛禽類であり、また、死体をついばむ不吉な鳥と理解されたからだろう。死とのイメージの近さは、同じく憑きものである狐とも共通し、「天狐」として同一視された。

中世には、天狗（天魔）が正気を失わせるという認識から、身近に頻発するかどわかし、暴行などの事件が、「天狗（天魔）の所為」という定型句によってあらわされた。また軍記物語では、政治的にやぶれた怨霊が魔王となって戦乱を招き、現世を混乱させていると語られ、不安定な社会状況を天狗の横行という形で表現した。

仏教者たちにとって天狗は魔物であり、なにより修行によって斥けるものであった。そのため大寺に属さない民間の宗教者たちを「天狗」と決めつけ、正しい仏道に帰るべきだと批判する言説もあった。しかしなにより極楽往生が重視された中世では、いったん魔道におちた者も供養を受け、修行を続けることで仏道に至ると解釈され、「魔仏一如」という熟語が生まれる。魔道も仏道へ至る方便と認められたのだ。

しかし仏教者や貴族だけでなく武家や庶民の間に天狗説話が広がると、石つぶてや笑い声など、人のいないはずのところで起こった身近な怪異現象も天狗のしわざとされていく。

天狗が現在のように山の神霊として意識されはじめたのは、南北朝期以降、山岳修験によって積極的に取り込まれてからだろう。その後作られた修験系の寺社縁起では、天狗と同一視されていたことを逆手にとり、各地の山に止住する鬼や天狗が修行者を守護したり、奉仕したりすることで仏縁を得ようとする説話が語られた。修験の影響も指摘される能『鞍馬天狗』では、諸国の天狗を従えた鞍馬山の「魔王」が義経の兵法の守護者としてあらわれる。

愛宕、鞍馬、飯綱などを拠点に生まれた天狗信仰は、やがて戦勝祈願や防火信仰をうたって武家や庶民の間で定着していく。そして天狗は神仏と同じように悪をいさめ、善を助ける「神々の中の武人」として、道徳的性格を強調された。こうして江戸時代初期に天狗は山の神霊として認知された。

ただし都市部においては、一歩引いて笑いの対象とする俳諧や、怪異を自然な気の運動にすぎないと説明する朱子学の影響もあり、怪異や神霊をただ恐れるだけではなかった。天狗をあくまで自然現象や、実体のある鳥、獣と解説するもの、髑髏やミイラのような天狗の遺物があらわれるなど、学問や娯楽の対象として扱われたのだ。こうした実体的な天狗理解は天狗の非在を強調し、仏教説話の文脈から切り離していく。

ところが憑き物や神隠しといった、「天狗のしわざ」とされる怪異の説明は生き続け、怪異の主体である天狗は、新たに国学や神仙譚の文脈で理解されるようになった。ここで改めて山岳信仰との関わりが強調される。江戸時代後期から幕末にかけては天狗にさらわれた人から天狗界の様子を聞いた、とする聞き書きが多数出現し、中世における魔道への関心と酷似しながらも、仏教的色彩を排除した天狗像への関心が高まっていった。

天狗を通じて幽冥界の知識を得ようとする試みは、近代になって心霊研究に引き継がれた。柳田國男の民俗学は心霊研究とは一定の距離を置いたが、国学によって位置づけられた、幽冥界に出入りする神仙という天狗像の影響は強く、「山人」や「山の神」を日本の固有信仰と設定して探究することになった。

以上、これまで述べて来た天狗説話の来歴をいっきに振り返った。おおまかにいえば「飛行する悪霊」

という基本的性質は共通しつつ、中世の「天魔」から、「山の神霊、怪異」へと変化し、現在に至っているのだが、その内実は単純ではない。さまざまな要素が連想ゲームのように展開し、意味をずらしながら新たな説話を生み、それが古い別の要素と結びついて天狗像が成長する。個々の天狗説話が集まって、総体として「天狗」という実態のない像を形成してきた、ともいえるし、別の言い方をすれば「天狗」という用法が拡張していたのだ、ともいえる。

天狗説話の背景には、信仰心や恐怖心だけでなく、権力者の思惑や仏教者の駆け引きがあり、あるいは娯楽的な楽しみや学問的探究心があった。また、説話は文字資料だけでなく、絵巻や能・歌舞伎、昔話や芸能、マンガやアニメなど、あらゆるメディアを往還し、定着してきた。その多彩さは、ささやかながら日本文化史が織りなしてきた変化とパラレルである。これまでを踏まえ、今後の天狗説話がどう変化するかも楽しみたい。

〈注〉

(1)ルイス・フロイス著、柳谷武夫訳『東洋文庫4　日本史1』平凡社、一九六三年。

(2)海老沢有道訳『東洋文庫14　南蛮寺興廃記・邪教大意・妙貞問答・破提宇子』平凡社、一九六四年。

(3)「狗張子」『仮名草子集成』第四巻、東京堂出版、一九八三年。

(4)塚野晶子「『狗張子』論——巻六ノ三「板垣信形逢天狗」を中心に」『早稲田大学大学院教育学研究科紀要別冊』十五号、二〇〇七年も『太平記』表現との類似から典拠と指摘する。

(5)神戸説話研究会『宝永版本観音冥応集――本文と説話目録』和泉書院、二〇〇六年。
(6)「太平百物語」『叢書江戸文庫2百物語怪談集成』国書刊行会、一九八七年。
(7)石田一良編『日本思想史概論』吉川弘文館、一九六三年。石毛忠「戦国時代の天道思想」『日本思想史研究会紀要　日本における倫理思想の展開』吉川弘文館、一九六五年。
(8)伊藤聡『神道とは何か』中公新書、二〇一二年。
(9)神田千里『戦国と宗教』岩波新書、二〇一六年。
(10)「宿直草」『叢書江戸文庫26近世奇談集成(一)』国書刊行会、一九九二年。
(11)「百物語評判」『叢書江戸文庫27続百物語怪談集成』国書刊行会、一九九三年。
(12)友枝龍太郎校注「鬼神論」『日本思想大系35　新井白石』岩波書店、一九七五年。
(13)島田勇雄ほか訳注『東洋文庫　和漢三才図会』平凡社、一九八五～九一年。
(14)『未刊稀覯書叢刊第一輯　天狗名義考』壬生書院、一九三九年。
(15)圭室文雄『日本人の行動と思想16　江戸幕府の宗教統制』評論社、一九七一年。偽作については潮音ではなく、伊雑宮神職や神道家永田釆女らが主導したとする説もある。藤原明『日本の偽書』河出文庫、二〇一九年。
(16)細木ひとみ「立山の天狗伝説と岩峅寺中道坊の「天狗様」」『富山県立山博物館研究紀要』二六、二〇一九年。
(17)「紅白毒饅頭」『尾崎紅葉全集三』岩波書店、一九九三年。
(18)「一話一言」『日本随筆大成第一期別巻2』吉川弘文館、一九七八年。
(19)平賀源内先生顕彰会編『平賀源内全集』上巻、一九三二年。
(20)福田安典「風来山人『天狗髑髏鑒定縁起』考」『待兼山論叢文学篇』二一、一九八七年。
(21)松浦静山著、中村幸彦、中野三敏校訂『東洋文庫　甲子夜話』平凡社、一九七七～八年。
(22)三ツ松誠は篤胤霊魂論を平田派の政治的運動と切り離して論じる従来の研究を批判し、霊魂論が対外危機のなかで日本人の伝統を探究する国学の中核であったことを述べる。「寅吉をめぐる冒険」山下久夫・斎藤英喜編『平

田篤胤　狂信から共振へ』法蔵館、二〇二三年。
(23)以下は子安宣邦校注『仙境異聞・勝五郎再生奇聞』岩波文庫、二〇〇〇年による。また今井秀和『異世界と転生の江戸　平田篤胤と松浦静山』白澤社、二〇一九年、同「近世知識人の怪異認識と平田篤胤――「天狗」理解をめぐって」『平田篤胤　狂信から共振へ』を参照。
(24)長崎誠人「浅野和三郎と大本　大正期知識人の宗教受容」近畿大学日本文化研究所編『日本文化の諸相――その継承と創造』風媒社、二〇〇六年。伊藤慎吾、氷厘亭氷泉編『列伝体妖怪学前史』勉誠出版、二〇二一年。
(25)柳田國男「山の人生」『定本柳田国男集』巻四巻、筑摩書房、一九六八年。初出は大正十四年一月～八月、『アサヒグラフ』四巻二～五巻七号。
(26)津城寛文「死者の幻影：民俗信仰と心霊研究の間」『明治聖徳記念学会紀要』四四、二〇〇七年十一月。廣田龍平『妖怪の誕生』青弓社、二〇二二年。
(27)岩田重則「天狗と戦争」『戦死者霊魂のゆくえ――戦争と民俗』吉川弘文館、二〇〇三年。
(28)忍野村観光情報内野天狗社（http://www.vill.oshino.yamanashi.jp/docs/2013032000106/）。
(29)高越寺、天狗の湧水　徳島県観光情報サイト阿波ナビ（https://www.awanavi.jp/life/2/）。
(30)岩田重則「天狗論　龍爪神社とさむはら」『現代思想』二〇二一年五月臨時増刊号。「～弾除けの神さんとして信仰された～「リュウソウサン【龍爪山】」のお札」『広報みしま』歴史の小箱一三八号、一九九九年一一月一日（https://www.city.mishima.shizuoka.jp/ipn000095.html、二〇二三年十月五日閲覧）。
(31)山中共古『東洋文庫五八八　共古随筆』平凡社、一九九五年。
(32)知切光歳『図聚天狗列伝　西日本編』岩政企画、一九七七年。
(33)久留島元「神野山・天狗さんの石合戦」『奈良伝説探訪』三弥井書店、二〇一〇年。
(34)井久保博利編著、今西悌三絵『神野の民話』神野山天狗研究会、一九八八年。井久保氏は地元小学校で長らく校長を務めた人物という。この文章は「神野山の魔除け　からす天狗の由来」と題しておさめられ、のち『ふるさと民話集』ふるさと民話保存会、二〇〇七年三月に、若干の編集を経て再録されている。
(35)柳田國男『妖怪談義』。なお柳田妖怪論の射程については香川雅信、化野燐による研究を参照。
(36)小松和彦『憑霊信仰論――妖怪研究への試み』ありな書房、一九八四年。のち講談社学術文庫、一九九四年。『妖怪学新考』小学館、一九九四年。
(37)宮田登『妖怪の民俗学　日本の見えない空間』岩波書店、一九八五年。のちちくま学芸文庫、二〇〇二年。
(38)伊藤龍平『ヌシ　神か妖怪か』笠間書院、二〇二一年。
(39)京極夏彦『妖怪の理、妖怪の檻』角川書店、二〇〇七年。のち角川文庫、二〇一一年。
(40)廣田龍平『妖怪の誕生』青弓社、二〇二二年。
(41)香川雅信『江戸の妖怪革命』河出書房新社、二〇〇五年。のち角川文庫。
(42)小松和彦「妖怪とは何か」同編『妖怪学の基礎知識』角川選書、二〇一一年。
(43)なお、本書の問題意識は、小松妖怪学から批判的に出発し、史料の用語にこだわって「怪異」の歴史的変遷を探究した東アジア恠異学会に学ぶところが大きい。同会編『怪異学の技法』臨川書店、二〇〇三年、同『怪異学の可能性』角川書店、二〇〇九年、同『怪異学入門』岩田書院、二〇一二年、同『怪異学の地平』臨川書店、二〇一八年、同『怪異学講義――王権・信仰・いとなみ』勉誠出版、二〇二一年。

あとがき

天狗論についてまとめないか、というお声掛けを白澤社の坂本さんからいただいたのは、もうずいぶん前である。〈江戸怪談を読む〉シリーズの『皿屋敷――幽霊お菊と皿と井戸』（二〇一五）の企画に加えてもらった縁で、同志社大学に提出した博士論文「「天狗説話」の研究」（二〇一四年）をもとに単行本にしないかという話だった。とてもありがたいお話だったが、博士論文はすでに大学リポジトリで公開予定であり（現在公開済）、また内容としても絵巻『是害房絵』の考察に偏っていたので、むしろ新たに自分なりの「天狗の文学史」のようなものを書きたい、と、駆け出しの身で不遜なことを申し出たのだった。

その後、本書の基になるような小文を坂本さん宛に送って読んでいただいたのだが、「関東や九州の天狗説話にも触れてほしい」というオーダーをいただき、考え込んでしまった。京都の大学で学んできたので鞍馬、愛宕にはなじみがあったが、ほかの地域は勉強不足でまったく準備がなかったのだ。生来出不精の運動嫌いで山登りの経験も乏しく、そのためというわけでもないが、各地の天狗説話をとりあげるだけでは山岳信仰との関わりを重視する知切光歳などの先行研究との差異化が難しいという不安もあった。結婚、就職など転機も重なり、目の前のことに追われるまま、「今後の課題」として一旦棚上げにするしかなかった。

付け焼き刃の勉強が進んだのは、ひとつは急速に進んだ修験道研究の成果が近年まとまって公刊されたおかげである。特に3章は『修験道史入門』（岩田書院、二〇一五）や『現代思想』四九・五「総特集陰陽道・修験道を考える」（青土社、二〇二一）などの導きを得て先行研究をたどり、なんとかまとめることができた。

そしてもうひとつ、新型コロナウィルス感染症によるパンデミックの余波で国内資料のデジタル化が進み、自宅にいながら多くの資料を確認できるようになったことである。資料調査に行けず困ることも多かったが、できることをしようと開き直って調べると、今まで見過ごしていた資料が検索にひっかかることも多く、勉強になった。

かくて七、八年越しの宿題を坂本さんに提出したところ、何度か構成についてメールを交わしただけで驚くほど迅速に出版が決まった。見捨てることなく原稿を引き受け、突貫作業をしてくださったことを感謝したい。

昭和六十年（一九八五）生まれの私は、幼いころから水木しげるの漫画、アニメに触れて妖怪好きだったが、思えば今日まで、妖怪研究隆盛時代を謳歌してきたと思う。小学生時代に角川書店から世界妖怪協会公認雑誌『怪』が発刊し（一九九七年）、ここから派生して中高時代は京極夏彦氏の一連の作品や、小松和彦氏編著の妖怪研究を読み、大学二年生の夏には、東アジア恠異学会（二〇〇一年設立）へ飛び込んだ。初めて参加した研究会で当時座右の書だった『百鬼夜行の見える都市』（ちくま学芸文庫、二〇〇二。原著は新曜社、一九九四年）の著者、田中貴子氏とお話した興奮は、今も忘れられない。以後常に刺激を与えてくれる私の拠点《ホームグラウンド》である。なお0号から欠かさず購入してきた『怪』の後継誌『怪と幽』には現在、恠異学会の研究会レポートなどの原稿を寄稿するご縁をいただいている。

学部、大学院は廣田收先生のもとで説話の比較と注釈を学んだ。そのおかげで、民俗学や歴史学中心の怪異、妖怪研究のなかで、文学研究の立場から言えることを考えることができた。卒業論文のテーマは『今昔物語集』巻二十第七話（染殿后説話）であり、そこから「今昔物語集の天狗説話」、「中世の天狗説話」と展開し、思いがけず絵巻、お伽草子の研究にも広がったが、廣田先生から示された文学史の視点が常に指針であった。

そして近世への接続という課題を意識するようになった二〇一八年、日本学術振興会特別研究員（PD）に採用され、近世怪談の第一人者、京都精華大学の堤邦彦先生のもとで学ぶことができた。偶然が続き、現在は精華大学で中世文学や説話伝承史を講じている。

大学でも研究会でも、疑問や思いつきを議論できる環境にあったことはまさしく僥倖である。お名前をあげればきりがないが、先生方、先輩、友人、後輩の方々には感謝してもしきれない。天狗という浮世離れしたテーマながら、人との出会いや社会の流れに導かれて研究を進めることができた。本書の成果は日本学術振興会の若手研究助成費（課題番号20K12934）に拠っている。このうえ、私がかつて水木しげるや知切光歳、あるいは小松氏や田中氏の著作に導かれたように、本書を介して研究の沼にハマってくれる人が現れてくれれば、こんなありがたいことはない。

最後に、好きなことしかしようとしない私が少しでも生きやすいよう、いつも気を配り助けてくれた父と母、姉、そして本書については校正まで手伝ってくれた妻に感謝する。ありがとうございます、どうぞこれからもよろしくお願いします。

二〇二三年十月十日

久留島 元

《著者略歴》
久留島 元（くるしま はじめ）

1985年生まれ。同志社大学大学院博士後期課程修了、博士（国文学）。現在、京都精華大学特任講師。東アジア恠異学会会員。関西現代俳句協会青年部部長。
博士論文「「天狗説話」の研究」（同志社大学）。共著に『関西俳句なう』（本阿弥書店）、『〈江戸怪談を読む〉皿屋敷　幽霊お菊と皿と井戸』（白澤社）、京都仏教説話研究会『説話の中の僧たち』（新典社）、二本松康宏、中根千絵編『城郭の怪異』（三弥井書店）、東アジア恠異学会編『怪異学講義』（勉誠出版）ほか。

天狗説話考《てんぐせつわこう》

2023年11月30日　第一版第一刷発行
2024年 2月21日　第一版第二刷発行

著　者　久留島 元
発　行　有限会社 白澤社《はくたくしゃ》
〒112-0014　東京都文京区関口1-29-6　松崎ビル2F
電話03-5155-2615／FAX 03-5155-2616／E-mail : hakutaku@nifty.com
https://hakutakusha.co.jp/
発　売　株式会社 現代書館
〒102-0072　東京都千代田区飯田橋3-2-5
電話　03-3221-1321㈹／FAX　03-3262-5906

装　幀　装丁屋KICHIBE
印　刷　モリモト印刷株式会社
製　本　鶴亀製本株式会社
用　紙　株式会社市瀬

白澤社《はくたくしゃ》 刊行図書のご案内

発行・白澤社　発売・現代書館

白澤社

白澤社の本は、全国の主要書店・オンライン書店でお求めになれます。店頭に在庫がない場合でも書店にお申し込みいただければ取り寄せることができます。

〈江戸怪談を読む〉

皿屋敷――幽霊お菊と皿と井戸

横山泰子、飯倉義之、今井秀和、久留島元、ほか 著

定価2,000円＋税
四六判並製208頁

一ま～い、二ま～い、三ま～い…でおなじみの江戸三大怪談の一つ「皿屋敷」。本書は、番町皿屋敷のオリジナル『皿屋舗辨疑録』の原文と現代語訳を抄録、また新発見の『播州皿屋敷細記』を紹介する。さらに、東北から九州までの広い範囲に伝えられる類似の伝説を探訪しつつ国文学、民俗学の専門家が伝承を読み解き、その謎と魅力に迫る。

異世界と転生の江戸――平田篤胤と松浦静山

今井秀和 著

定価2,500円＋税
四六判並製240頁

天狗にさらわれた少年寅吉、生まれかわり勝五郎の聞き書きを残した平田篤胤、数多くの怪異を随筆に書いた隠居大名の松浦静山。同時代を生きた二人の怪異探究はなぜ交わらなかったのか？　妖怪が娯楽として楽しまれると同時に、天狗や河童が跳梁し狐や狸が人を化かすと信じられてもいた時代、江戸後期の知識人の複雑な怪異観を解きほぐす。

クダン狩り――予言獣の影を追いかけて

東　雅夫 編著

定価1,700円＋税
四六判並製192頁

その予言は必ず当たるといわれる人面牛身の妖獣クダンの伝説を追って岡山・牛神社、大分・別府温泉、兵庫・六甲山地、京都・丹後半島を探訪した怪談文芸の第一人者によるクダン論を集大成。第二部にクダンをモチーフにした傑作文学、内田百閒「件」、小松左京「くだんのはは」を収録。第三部にクダン研究者・笹方政紀氏との対談を掲載。